El secreto de Babulandia

Tomás Sánchez

Dedicado a mi esposa

1. Un extraño suceso

En el pequeño pueblo de Riopispás los vecinos querían empezar los preparativos para las fiestas, pero el alcalde, el señor Diego, estaba muy preocupado y nadie sabía muy bien la razón. ¿No habría suficiente dinero?, ya no eran muchos vecinos y tampoco se recogían muchos impuestos; la cuestión es que parecía muy difícil que hubiese fiestas en su amado pueblo.

"Pero… dejadme que me presente. Mi nombre es Iván, tengo 8 años y soy de un pequeño pueblo llamado Riopispás. Vivo con mis padres en una casa-molino, pero bueno,…por si no sabéis muy bien lo que es una casa-molino os explico. Mis padres tienen un trabajo muy especial; ellos se encargan de preparar toda la harina que se vende en estas tierras. Los vecinos agricultores que trabajan en la huerta y en el campo, cultivan trigo y cebada. Una vez hecha la recolección, traen su cosecha en camionetas hasta la casa en la que vivimos mi familia y yo. Mis padres reciben amablemente a estas personas y preparan la entrada de este trigo y cebada al molino. El molino tiene unas grandes cubas donde se mete el trigo; estas cubas llevan los cereales hasta unas grandes piedras que prensan el trigo y la cebada y lo conducen hasta unas cuchillas. Después de las cuchillas, en una sala amplia, hay un gran embudo por el que sale la harina y se mete en sacos. ¡Es una chulada!, a mis padres les gusta mucho su trabajo y nosotros podemos vivir bien de él"

***

Se aproximaba el día de la famosa "Fiesta del agua", Riopispás no es un lugar en el que haya mucha agua, pero en el inicio del verano, es cuando más gente hay en el pueblo; entonces es cuando se organizan las fiestas populares. Todos los eventos que se llevan a cabo, se hacen en torno al agua porque por este pueblecito pasa un cortísimo, pero famoso río, el río Pispás y porque hace mucho calor, muchísimo calor. Sin embargo, todo estaba mal, el alcalde estaba siempre enfadado, los vecinos hacían corrillos hablando de las fiestas, los visitantes que empezaban a llegar no veían al pueblo igual que otros años, todo estaba raro, bueno,… todo todo no, Iván y su familia estaban muy bien, era tiempo de cosecha y no paraban de trabajar, molían cada día mucho mucho trigo y cebada. Las hermanas de Iván habían venido a casa después del curso y ayudaban a sus padres en las tareas del molino. Iván hacía lo que podía evitando molestar y ayudando con esfuerzo.

— ¡Buenos días, señor Antonio! — saludaba Luis, el cartero al padre de Iván — ha llegado correo para ustedes, es un paquete, pero deben ir a la oficina de correos, no me han dejado traerlo en mi moto.

— Muchas gracias, Luis no te preocupes, en un momento me acerco a la oficina y lo recojo — contestó Antonio mientras despedía a unos clientes.

La oficina de correos de Riopispás estaba cerca de la casa de Iván, su padre. Una vez que se habían ido los últimos clientes de la mañana, cogió su bicicleta y, en unos veinte minutos, ya estaba de regreso.

Iván estaba cerca de la entrada de la casa y había escuchado al señor cartero, ¿qué sería ese paquete?, ¿podría ser un regalo de su tío Tomás? Cuando se acercaban estas fechas, el tío

Tomás siempre tenía un detalle con la familia, unas veces enviaba unos dulces, otras unos libros para sus sobrinos. Un año envió a Teresa un precioso sombrero de fiesta. La madre de Iván aún no lo había estrenado, decía que la primera vez se lo pondría en la boda de la primera hija o hijo que se casase, claro que, de reojo, siempre miraba a su hija Clara, la mayor de sus hijos.

Los días iban pasando con cierta normalidad, pero el asunto de las fiestas populares seguía flotando en el ambiente del pequeño pueblo de Riopispás. Don Diego, el alcalde, seguía muy preocupado y decidió convocar a los vecinos a una reunión. El día 15 de junio apareció en diferentes lugares del pueblo este cartel:

Por orden del señor alcalde:

Se hace saber que, el próximo día 18 de junio a las 20:30 en el salón de la alcaldía, están todos los vecinos convocados a una reunión extraordinaria. El motivo de dicha reunión: <u>las fiestas populares.</u>

Atentamente: Diego Castaño

A partir del momento en el que apareció el cartel, todo el pueblo era un chismorreo, todos los vecinos hablaban de lo mismo, ¿qué nos dirá el señor alcalde?, ¿habrá fiestas?, ¿pasará algo?

***

Iván estaba terminando de limpiar el garaje como le había dicho su padre,...

— ¡Teresa, ven un momento! — exclamó Antonio el padre de Iván.

— Dame un minuto Antonio, recojo estos sacos vacíos y voy.

Cuando Teresa llegó a donde estaba su marido, este acababa de abrir el paquete recogido en correos.

— ¡Mira lo que nos envía mi hermano!, ¿tú sabes lo que es? — expresó Antonio sorprendido.

— Creo que un aparato de DVD — contestó Teresa con gesto de duda.

— Y, ¿por qué razón nos envía este aparato?, nosotros no somos de ver mucho la televisión.

Antonio y Teresa hacía muy poco que habían comprado una televisión, pero la verdad era que no tenían mucho tiempo y casi nunca la encendían. Cuando ya habían abierto por completo el paquete, llamaron a su hija Rosa y, con ella acudieron Clara e Iván. Entre todos vieron que el aparado era un reproductor "supermoderno" de DVD que además podía reproducir USB (según ponían las instrucciones). Rosa no paraba de reír viendo cómo sus padres no tenían ni idea de lo que eran esas siglas tan extrañas. Al final todos reían y lo pasaban bien hasta que.

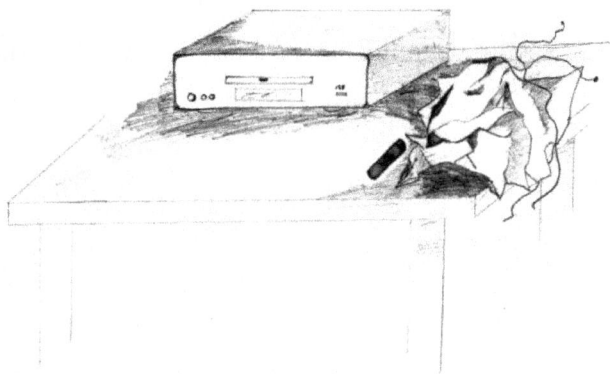

— ¡Anzuelos! — expresó Antonio — pero si hay otro pequeño "paquetito"

— ¿Cóoomooo? — preguntaron todos a la vez.

— No tengo ni idea de lo que es, parece un "mecherito", pero no tiene ninguna ruleta que girar para encenderlo.

Clara, Rosa e Iván reían escuchando a su padre cómo explicaba lo que tenía en sus manos. En realidad se trataba de un pequeño "pendrive", una memoria USB de 32 GB.

— ¡Papá!, lleva una notita pegada aquí — Observó Clara.

— ¿Y qué pone? — Contestó Antonio con gesto de sorpresa — seguro que es una de esas bromitas de tu tío Tomás.

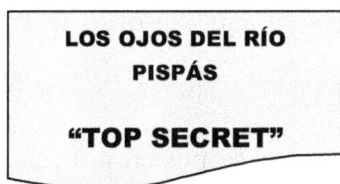

> **LOS OJOS DEL RÍO PISPÁS**
>
> **"TOP SECRET"**

Al oír esto, Iván prestó atención, ¿qué sería aquello que su tío les enviaba?, ¿qué secreto guardaba la memoria USB?, ¿qué quería decir esto de Los ojos del río Pispás?

Clara y Rosa montaron el aparato junto al televisor, después pusieron el pendrive en el aparato y abrieron la carpeta que aparecía dentro; en ella ponía el título "Los ojos del río Pispás", dentro de esa carpeta había un archivo de vídeo con el título "Top secret"; las dos hermanas se miraron, no sabían si abrirlo o no.

— Pero, ¿lo vais a abrir o qué? — dijo impaciente Iván.

— No deberías estar aquí, papá y mamá han confiado en nosotras este encargo, no es cosa tuya — afirmó Rosa.

— No seas tan dura con él, ya tiene 8 años, creo que puede verlo con nosotras — expresó Clara guiñando un ojo a su hermana.

— Gracias, estaré aquí sin decir nada — afirmó Iván con una sonrisa.

Sus dos hermanas se pusieron a reír; sabían que su hermano Iván era incapaz de estar callado.

***

Por fin llegó el día tan esperado por todos los vecinos, el día de la reunión.

— ¡Por favor, guarden silencio! — dijo Diego, el alcalde de Riopispás — ya es hora de empezar la reunión, ¡siéntense por favor!

El alcalde estaba algo nervioso, además la gente no paraba de hablar y, en la sala, había un murmullo ensordecedor. Cuando oyeron que el alcalde pedía silencio, poco a poco empezaron a tomar asiento y, en pocos minutos, todo el mundo estaba en su sitio dispuesto a escuchar lo que les fuesen a decir.

"Estimados vecinos, estos últimos días están siendo para mí de extraordinaria preocupación. Como todos los años, me gustaría anunciar nuestras fiestas populares con gran orgullo, pero este año hay varios problemas que me han impedido iniciar los preparativos"

Todos los vecinos asistentes escuchaban al alcalde con mucha expectación, nadie se movía de su asiento y apenas parpadeaban. Antonio, al mismo tiempo, no paraba de pensar que, a lo mejor, el vídeo que le había enviado su hermano podía tener relación con algún aspecto de aquel asunto. El alcalde seguía hablando.

"Queridos vecinos, todos sabéis el profundo amor que tengo hacia mi pueblo y por esta razón veo necesario comentaros lo que realmente me tiene preocupado. Hace unos días vinieron unos científicos a hablarme de nuestro río, el río Pispás. Como todos sabéis, nuestro río ha sido objeto de numerosas investigaciones dado que es el río más *corto* del mundo por la característica de que desaparece en la famosa cueva "Los ojos del río". Me comentaron los científicos que justo en ese lugar, se está formando un profundo hueco que está dejando nuestro pueblo sin cimientos y que el día menos pensado se hundirá todo, todas nuestras casas, nuestras calles, todo, todo,…Esto puede significar una enorme desgracia a nivel mundial"

Justo en ese momento empezó a escucharse un murmullo que, a medida que pasaba el tiempo, iba convirtiéndose en un gran jaleo. En pocos minutos ya no se podía oír a nadie. El alcalde cogió una campana de mano y empezó a moverla, de nuevo volvió el silencio.

"Señoras y señores de Riopispás, los científicos me han recomendado algunas soluciones que os leo a continuación:

Una: Trasladar nuestro pueblo a otro lugar y empezar de nuevo.

Otra: Construir un enorme trasvase hasta el mar, fabricar un nuevo cauce del río. Esto no aseguraría que evitásemos el hundimiento, pero evitaría mayor daño.

Y otra: Construir un enorme embalse donde desemboque toda el agua del río.

En ese momento, uno de los vecinos, intervino.

— Señor alcalde, ¿no podríamos investigar por nuestra cuenta?, ¿no podríamos bajar a la cueva y ver con nuestros propios ojos lo que está ocurriendo? — dijo Gaspar, el carnicero.

— Amigo Gaspar, yo no podría darte el permiso para hacer semejante excursión, podría ser muy peligroso, estaría en juego vuestra vida — contestó el alcalde con gesto triste.

— Pues yo propongo hacer una comisión de investigación para que, entre todos, demos soluciones a este enorme problema, seguro que juntos podríamos aportar alguna solución más valiosa — volvió a decir Gaspar.

Todos los vecinos estuvieron de acuerdo en crear esta comisión, era la única solución que les daba algo de esperanza, era la única idea valiosa para ellos, incluso establecieron fechas para reuniones de esta comisión.

Antonio salió de la reunión sin decir nada, estaba deseando llegar a su casa y pedir a sus hijos que le pusieran el video que había enviado su hermano, pensaba que, por alguna extraña o mágica razón, este video aportaría ideas de solución al problema que les había contado el alcalde.

Iván, Rosa y Clara ya habían visto el vídeo que había enviado su tío. En el vídeo no había sonido, era como esos vídeos antiguos en los que todos se movían con mucha rapidez y se ve todo en blanco y negro. Salían unos personajes un tanto extraños, bajitos y rechonchos, prácticamente sin cuello y estaban construyendo algo. Uno de ellos miraba a la cámara y hacía gestos de negación con el dedo índice. Todas estas personas vestían igual, llevaban un pantalón ajustado como vaquero y una camisa lisa con las mangas remangadas. Estaban, por lo que parecía, en un lugar oscuro iluminado por dos focos muy potentes, al fondo se veía mucha agua y una extraña luz tenue que brotaba como de una parte del agua. El video tenía una duración de cinco minutos aproximadamente.

— ¡Son babús! — dijo sorprendido Iván al ver las personas que salían en el vídeo.

— ¿Estás seguro Iván? — preguntó su hermana Rosa.

Iván y sus hermanas conocían a los babús desde que Iván había hecho el viaje a la Comarca del Rhum. Estas personas vivían en una ciudad llamada Babulandia y, por lo que los niños sabían, eran muy inteligentes, sobre todo en los aspectos referidos a la tecnología. Habían diseñado multitud de máquinas con una tecnología muy avanzada pero, ¿qué estarían haciendo?, ¿qué lugar sería este del video?

Cuando Antonio llegó a casa y pidió a los niños que le pusieran el vídeo, sus hijas Clara y Rosa explicaron a su padre lo que habían visto, contaron que era un video muy corto y que, además, podría tener mucho tiempo ya que se veía en blanco y negro y con poca calidad.

— Hijos, tengo que comunicaros que estoy bastante preocupado por lo que nos han contado en la reunión con el alcalde — dijo Antonio a sus hijos — se trata de una posible catástrofe natural que afecta a nuestro pueblo y que puede provocar que tengamos que marcharnos de aquí para vivir en otro lugar.

La familia de Antonio le escuchaba con mucha atención y con gesto serio. Todos se preguntaban qué quería decir esto, cuál sería el problema y de qué manera afectaría a ellos. Sus hijos no paraban de hacerle preguntas y Antonio respondía en lo que podía. Teresa, siempre tranquilizadora, dijo a todos que no se preocuparan tanto, que las cosas cuando pintan tan mal solo pueden mejorar pero que era necesario que la familia estuviese unida pasara lo que pasara.

2. El descubrimiento

El pueblo de Riopispás estaba lleno de niños, habían acabado las clases y corrían por las calles jugando a todas horas. Cada mañana, en el famoso campo de Lisa, se organizaban partidos de fútbol improvisados en los que la edad de los jugadores no era importante, ya que todos jugaban juntos procurando siempre que los más pequeños estuvieran en posiciones en las que no se fuesen a llevar un balonazo.

El partido de ese día estaba emocionante, iba empate a tres. Andrés era el mejor jugador, hacía regates buenísimos y además, chutaba con mucha fuerza. Pero lo mejor de Andrés era que no solo marcaba goles, sino que se preocupaba de que los demás de su equipo también los marcaran.

— ¡Pasa Andrés, estoy solo! — gritaba emocionado Ricardo.

— ¡Ahí la llevas Riki,… chuta! — contestaba Andrés pasando el balón a su compañero.

21

Justo en el momento en que Ricardo chutaba a puerta, uno de los gatos que solía merodear por el campo, se dispuso a cruzar delante de la portería contraria. Ricardo dio tal balonazo al gato que, después de ese momento el animal subió a un árbol y no había manera de bajarlo. Los niños se partían de la risa, Ricardo no paraba de decir, "para una vez que iba a meter un golazo viene el gato,…"

— ¡Mira que eres complicado Andrés! Ja, ja, ja — decía Gasparín, el hijo del carnicero — ¡con lo difícil que es pillar a un gato y tú consigues darle un balonazo! Ja, ja, ja...

En ese momento acabó el partido y se inició el rescate del gato; todos los niños se amontonaron junto al tronco de la gran morera en la que se había subido el felino. Iván, que para estas cosas eran bastante atrevido, se dispuso a subir, pero el pequeño animal, viendo los movimientos de los niños, subía aún más alto.

— ¡Ten cuidado Iván! no te vayas a caer — gritó el pequeño Jaime — creo que el gato bajará él solo cuando quiera.

Todos llamaban a Jaime el pequeño Jaime porque, a pesar de tener ocho años como la mayoría, era bastante pequeñito, más bajo que los demás.

Iván no hizo caso a lo que le decía el pequeño Jaime y siguió subiendo. Su amigo Andrés decidió subir también para ayudar a Iván si se veía en apuros.

El paraje en el que estaban los niños era un lugar estupendo para jugar al fútbol, pero también para ir de merienda, pasar el día en familia... ya que estaba en la orilla del río, justo en una zona en la que había un remanso de agua no muy profundo. En este lugar, los chicos del pueblo iban a bañarse en el verano. La gran morera a la que habían subido Iván y Andrés para coger al gato estaba pegada a este remanso de agua del río.

— ¿Qué es eso? — preguntó Andrés con gesto de sorpresa — ¡creo que he visto algo brillante en el agua!

— ¿Algo qué? — contestó Iván volviendo la cabeza.

— ¡Algo brillante, como una luz o algo así! — volvió a decir Andrés.

— Pero yo no veo nada Andrés, ¿estás seguro de lo que has visto? — preguntaba Iván mirando hacia el remanso de agua del río.

— ¡Chicos!, ¿vosotros veis algo raro en el agua desde allí abajo? — preguntó Andrés a los niños que estaban a los pies de la gran morera.

Justo en el momento en que Andrés preguntaba a los demás niños, Iván pudo ver como un reflejo de luz que venía desde la profundidad del agua, como si alguien o algo estuviese debajo del agua con una linterna encendida o un foco de luz blanca, muy blanca. Los demás niños no veían nada.

— ¡Creo que lo estoy viendo Andrés! — gritó Iván alarmado.

— ¿Estás seguro?, ¿Has visto como si fuera una luz muy brillante debajo del agua? — preguntaba Andrés para asegurarse de que Iván veía lo mismo que él.

— Sí, sí,…justamente como dices — dijo Iván muy emocionado.

Los dos niños bajaron de la morera, en ese momento el gato dejó de existir para ellos, ni siquiera importaba el resultado del partido o si el gato bajaría o no del árbol algún día, lo que verdaderamente importaba era si todos los niños verían aquella luz que habían visto Andrés e Iván. En ese momento todos miraban el agua del remanso moviéndose haciendo giros y movimientos suaves, transportando hojas secas o alguna ramita caída de los árboles de al lado, pero ninguno de los otros niños veía lo mismo.

— ¡Creo que estáis gastando una bromita¡ ¿eeeh Andresicooo? — expresó Gasparín.

— Te prometo que no Gaspar, he visto una luz brillante justamente ahí — dijo Andrés con gesto serio y señalando un punto concreto del río— además, también la ha visto Iván.

— ¡Vale!, ya casi es la hora de irnos a cenar, pero mañana por la tarde traemos todos el bañador y nos metemos como locos en el agua a buscar esa dichosa luz, ¡a ver si es una bromita o hay algo ahí debajo¡ ¿estáis todos de acuerdo? — propuso Gaspar.

— ¡Vale!, de acuerdo.

— ¡De acuerdo!

— ¡Ok!

Todos los niños se mostraron a favor de meterse en el agua al día siguiente, además prometieron no decir nada en casa para evitar que no les dejasen ir. Esa noche todos estaban muy emocionados, algunos se llamaron por teléfono para comentar el hallazgo misterioso.

***

En la sala de juntas de la alcaldía, un grupo de hombres hablaba de la noticia transmitida por el alcalde días antes.

— ¡No podemos quedarnos de brazos cruzados, debemos hacer algo! — decía Pascual, uno de los empleados de la caja de ahorros que había en Riopispás — para estas cosas hay fondos de dinero en los bancos, solo tenemos que justificar lo que vamos a hacer y esta situación es muy justificable.

— Claro que sí Pascual, pero primero tenemos que saber qué pasa realmente, ¿y si se trata de una mentira de esos científicos?, ¿y si todo es por intereses turísticos o inmobiliarios?, no debemos creernos todo lo que nos dicen, es bueno que investiguemos por nuestra cuenta y sepamos que pasa realmente — explicó Gaspar, el carnicero del pueblo.

— De todas maneras, yo no estoy nada tranquilo, me parece que es una situación que requiere que actuemos con rapidez — expresó el señor Enrique, el dueño del kiosco de la plaza de la iglesia.

— ¿Y si contratamos a unos investigadores por nuestra cuenta?, podríamos hacer un nuevo estudio geológico y exponerlo al alcalde, así le ayudaríamos — volvió a decir Pascual.

Los vecinos reunidos votaron las diferentes propuestas, estaban contentos de afrontar juntos el problema, nadie era mejor que nadie y todas las opiniones eran escuchadas. Pero aún no habían solucionado nada y todos tenían la sensación de que se iba agotando el tiempo. Después de la primera reunión, dejaron por escrito las decisiones tomadas y las pasaron al alcalde. El señor Diego reunió fondos e informó a los miembros de la comisión de la cantidad de dinero con que contaban para afrontar los gastos necesarios.

***

Los niños habían estado inquietos toda la noche, estaban deseando que llegase el nuevo día por la tarde para ir al campo de Lisa con su bañador y ver si lo que contaron Andrés e Iván era cierto.

Eran las ocho de la mañana y el día amaneció muy nublado, a mitad de mañana empezó a llover torrencialmente. Los niños no habían podido salir de casa, no habían podido jugar en toda la mañana y parecía que lo de ir a bañarse al campo de Lisa iba a ser misión imposible. Llegó la hora de la tarde en la que los niños habían quedado y ninguno de ellos tenía permiso de sus padres para acudir a la cita. Bueno,… ninguno de ellos no, Andrés, Gasparín e Iván aparecieron con sus chubasqueros junto a la gran morera donde, supuestamente, habían visto algo extraño en el agua.

— Yo creo que no deberíamos meternos en el agua, ha llovido mucho y el río está muy crecido, podemos sufrir un accidente — expresó Gaspar con gesto de preocupación.

— ¡No estamos locos Gaspar!, ¿cómo nos vamos a meter ahí con los remolinos que está haciendo el agua?, seguro que nos traga y nos ahogamos — dijo Andrés mirando a Iván de reojo.

Iván estaba embobado mirando el agua, tenía gesto de extrañeza con la frente arrugada y las manos metidas en los bolsillos.

— ¿Tú qué piensas Iván?, ¿crees que deberíamos meternos en el agua? — preguntó Andrés.

— ¿Qué,… ah,…, bueno,… no sé, la verdad es que,… no estoy seguro de que,…

Iván no terminaba de expresar nada, iniciaba una frase pero no la terminaba, era como si hablar le hiciera perder tiempo para pensar y prefiriese seguir pensando algo que solo él sabía.

— ¡Yo creo que este está pensando en la vida y aventuras del escarabajo pelotero!, ¡no te fastidia el tío! — intervino Gasparín con gesto bromista — ¡Muchaaaachooo, despieeeertaaa!

— ¡Anzuelos! — expresó Iván.

— ¡Ale, ya se le ha encendido la bombilla al Indiana Jones! — volvió a decir Gaspar.

— ¿No os parece extraño que el agua esté haciendo remolinos?, en esta parte del río nunca hace estos remolinos y, aunque haya llovido bastante, no es lo suficiente como para que la corriente sea diferente a otras veces — explicaba Iván.

Mientras Iván explicaba esto, los otros niños miraban atentamente cómo se movía el agua. Era cierto que seguía habiendo unos remolinos un tanto exagerados y que, aunque la lluvia había cesado hacía ya unas dos horas, seguía estando la misma intensidad en los remolinos. El movimiento del agua era un tanto extraño.

Andrés permanecía junto a Iván y Gaspar no paraba de moverse, lo cual no era extraño, todos sus amigos le llamaban "polvorilla" porque era muy nervioso y siempre estaba de aquí para allá. Empezó a coger pequeñas piedras y a tirarlas al agua. Una de las veces, al tirar una piedra un poco más grande, estuvo a punto de caer detrás debido a que resbaló al pisar la hierba mojada de la orilla del río. Sus dos amigos se lanzaron a cogerlo y evitaron que cayese, pero lo más curioso del asunto no fue que estuviese a punto de caer, sino que la piedra al caer al agua hizo un sonido extraño. Los tres niños se miraron con gesto de sorpresa. El sonido de la piedra era como si hubiese chocado con algo metálico, algo de latón o acero.

— ¿Habéis oído eso? — dijo Gaspar.

— ¡Es justo lo que yo estaba pensando!, seguro que ahí debajo hay un mini submarino nuclear ruso en una misión secreta! — dijo Andrés guiñando un ojo a Iván.

— ¡Iván!, ¿tú crees que ahí, debajo del agua, hay un submarino? — expresó Gaspar preocupado.

— Gasparín, no hagas caso a Andrés que te está gastando una broma — dijo Iván para tranquilizar a su amigo.

— ¡Qué graciosillo eres¡ ¿eeeeh Andresiiico? — volvió a decir Gaspar.

Los tres niños reían de la expresión de Gaspar pero, al mismo tiempo, seguían preocupados. Sabían que debajo del agua había algo que provocaba los remolinos. Aunque Andrés hubiese gastado la broma del submarino, ninguno de ellos descartaba ninguna posibilidad.

— Haya lo que haya ahí, será difícil averiguarlo, creo que deberíamos decirlo a los mayores y que ellos investiguen, ¿no creéis? — dijo Andrés.

— Yo creo que no deberíamos decir nada, no estamos seguros de que ahí haya algo y lo único que vamos a conseguir es preocupar a nuestros padres. Lo mismo la piedra de Gaspar ha dado contra un bote metálico y nada más — comentó Iván.

— ¡Eso es fácil comprobarlo!, tiremos unas cuantas piedras más y punto — dijo Gaspar.

Los tres niños empezaron a tirar piedras y, cada una de ellas volvía a hacer el mismo ruido que había hecho la primera. No cabía duda de que era cierto que algo de gran tamaño se escondía en el fondo del agua, pero ¿qué sería?

Los niños escuchaban con asombro el sonido sordo y metálico de las piedras al caer en el agua pero, ¿cómo podría ser? no se veía nada. Decidieron subir a la morera y, desde allí tampoco se veía nada, ni siquiera la luz brillante que habían visto el día anterior. Después de un buen rato, decidieron volver a casa, aún faltaba para la hora de la cena, pero ya estaban cansados de estar allí.

Cuando los niños ya habían cogido el camino que les conducía al pueblo, escucharon un gran estruendo, un ruido como de cascada de agua o como si un cubo de miles y miles de litros cayera de golpe al suelo. El ruido provenía de la gran morera, del mismo lugar en el que habían estado un minuto antes. Al oír esto, los niños regresaron corriendo. El corazón se les salía del pecho. El primero en llegar fue Andrés, como solía pasar siempre, después llegó Iván y, por último, como de costumbre, Gaspar.

¡Un enorme cilindro metálico había salido del agua, un mastodonte, una pieza metálica grandísima, como un gran poste que hubiesen plantado de repente en aquel lugar!

— ¡Vamos a escondernos, no sabemos lo que nos puede pasar! — gritó Gaspar.

Los niños se escondieron detrás del tronco de la gran morera. Iván miraba por el lado derecho de la morera, Andrés por el izquierdo pero Gaspar no miraba, estaba acurrucado debajo de sus amigos. De repente, empezó a escucharse un sonido parecido al pitido de un despertador o al que hace un microondas cuando ha acabado, algo así,... una luz blanca empezó a girar en la parte superior del *monolito* metálico.

— ¡Mira Andrés, esa luz es la que vimos! — dijo Iván en voz baja para no ser oído.

— ¿Nos vamos ya chicos? — preguntaba con voz temblorosa Gaspar — hemos debido enfadar a alguien tirando tanta priedrecita, ¡seguro que nos la cargamos!

El pitido se seguía escuchando y la luz brillante parpadeaba. En ese momento, una puerta como de ascensor se abrió dejando a la vista un pequeño espacio cilíndrico.

Los niños seguían en silencio, tanto Andrés como Iván estaban viendo lo que pasaba, Gaspar prefería seguir acurrucado, pero estaba en una posición difícil ya que estaba clavando sus rodillas en las pequeñas piedras que había debajo de la morera. Para evitar hacerse más daño, Gaspar intentó moverse y cambiar sus piernas de posición. Hizo tan difícil el giro de su cuerpo, que resbaló y rodó un par de metros delante de la morera. Cuando intentó levantarse, se volvió mirando hacia el agua del río y vio lo que estaba pasando. Una luz tenue blanca se encendía en el pequeño habitáculo del cilindro metálico como si el ruido hubiese encendido una alarma o un sensor de luz, de dentro empezó a moverse una figura rechoncha y bajita.

— ¡Anzuelos, es un babús! pero,… ¿Qué hace aquí un babús? — expresó Iván.

— ¿Un babús?, ¿qué es un babús? — preguntó Andrés.

— Es largo de contar, pero te prometo que, en otro momento te lo contaré, no te preocupes, ahora creo que es mejor estar callados y observar a ver qué pasa, no creo que corramos ningún peligro Andrés — explicó Iván.

Pero justo cuando Iván terminaba de decir esto, los dos niños oyeron la voz de su amigo Gasparín.

— ¡Hola amigo!, yo ser bueno, no querer hacer daño, ¿tú ser de este planeta? — preguntaba dirigiendo su mano hacia el babús.

— Desde luego,... ¡no se puede ser mas imprudente!,... — empezó a decir Andrés mirando a Gaspar muy enfadado.

— ¡Hola chicos!, me alegra ver gente por aquí, aunque no era mi intención molestaros y, mucho menos, interferir en vuestra vida cotidiana — dijo el pequeño personaje que apareció del cilindro metálico — soy Tino, habitante de Babulandia, estoy aquí trabajando en la reconstrucción del río Pispás, soy el ingeniero encargado.

Los niños se miraban asombrados, no sabían qué decir, solamente miraban al simpático personaje salido del río. Iván, un poco más acostumbrado a tratar con diferentes tipos de personas, se lanzó a preguntar.

— ¿A qué se refiere con la reconstrucción del río?, ¿es que está roto, señor Tino? — Se interesó Iván.

— Je, je, je,... los ríos no se rompen, solamente se está haciendo mayor y necesita algunas ayudas para no causar problemas — respondió amablemente Tino — ¿os gustaría ver nuestro trabajo?

Los niños no sabían qué contestar, Andrés miraba a Iván esperando que éste tomara una decisión al respecto.

— ¡A mí sí!— contestó rápidamente Gaspar.

— Pero, ¿correremos algún peligro señor Tino? — preguntó prudente Andrés.

— No os preocupéis, estaréis en todo momento acompañados por mí, no permitiré que os pase nada.

Los niños, utilizando un pequeño puente que les había preparado Tino, pasaron dentro del cilindro metálico, entraron en un pequeño habitáculo con forma circular y, justo en ese momento, la pequeña puerta se cerró

Tomás Sánchez

3. "Los ojos del río Pispás"

En casa de Iván, Antonio y Teresa pasaban la tarde muy tranquilos. Acababan de limpiar la entrada del molino y preparar la recepción para el día siguiente y se disponían a sentarse un rato en la entrada de la casa, junto a la rueda de palas. Este lugar era el preferido de ellos para estar tranquilos, allí solo se escuchaba el golpear del agua en las palas de la rueda y era muy relajante, les ayudaba a descansar después de una agotadora mañana de trabajo.

— Teresa, sigo preocupado por esta situación que nos comentó el alcalde, ¿mira que si tuviésemos que dejar nuestro negocio?, nosotros no sabemos hacer otra cosa, tesoro mío — explicaba Antonio muy cariñoso con su esposa.

— No te preocupes, seguro que hay una solución a este problema — contestaba tranquilizadora Teresa.

— En otras ocasiones hemos estado viviendo con muy poco, no hemos tenido dinero para nada, nuestros hijos se han vestido gracias a la ropa que nos han podido pasar familiares y amigos y, por supuesto, porque tengo una esposa muy hacendosa y has sabido tejer y coser ropa para las niñas — explicaba Antonio con gesto triste — pero es que esta situación de ahora no depende de nosotros, no está en nuestra mano poder arreglar nada.

— Mira, Antonio, nuestras hijas están estudiando en la ciudad, nuestro negocio, desde que cerraron el molino del pueblo de al lado, va muy bien, tenemos el doble de clientela y el doble o triple de ingresos; no debemos quejarnos. Hemos podido ahorrar un buen dinero, si tenemos que irnos de aquí estaremos preparados y, además, será el indicador de que es hora de jubilarnos — explicaba muy tranquila Teresa — Antonio, debemos estar muy agradecidos por todo lo que tenemos, no es momento de tener miedo de nada.

— ¡Qué buena y comprensiva eres siempre, Teresa!, tienes razón — expresaba Antonio dando un abrazo a Teresa — De todas maneras, yo estaré atento a lo que pasa al final con el río, he pensado participar en la comisión que se ha formado para solucionar esto.

— Me parece muy bien, cariño, me parece muy bien,… Por cierto, ¿dónde anda el golfillo de nuestro Iván?, ¿lo has visto esta tarde? — preguntaba preocupada Teresa.

— Me dijo que había quedado con los amigos en el campo de Lisa, que vendría para la cena, no creo que tarde mucho en llegar.

***

Iván, Andrés y Gaspar estaban completamente alucinados, ¿Quién se iba a imaginar que debajo del río, que conocían de toda la vida, estaba todo lo que veían? Tino les contaba en qué consistían las obras y por qué estaban ellos allí, les decía que debajo de su pueblo había una inmensa cueva pero que estaba frágil y podía desmoronarse de un momento a otro.

— Pero, ¿se puede caer encima de nosotros? — preguntó preocupado Iván.

— No, ya os dije que estamos completamente seguros, que no nos puede pasar nada — tranquilizaba Tino.

Los niños estaban sorprendidos, el ascensor que habían cogido en el río les desplazó unos cincuenta metros hacia abajo. Enseguida salieron del ascensor y bajaron a un enorme espacio en el que había una pequeña embarcación, era como si hubiese un río debajo de otro río. La embarcación se movía de forma automática y los niños iban sentados en unos asientos muy confortables.

— ¡Esto me recuerda a un recorrido que hice una vez con mi padre en canoa!, vimos cocodrilos y una serpiente enorme que quería subir a la canoa, menos mal que cogí el remo y... — contaba muy emocionado Gaspar.

— Y seguro que le diste con el remo y la serpiente se fue muy asustada, ¿no Gaspar? — Le interrumpió Andrés.

—¡Pues más o menos!. La serpiente no consiguió subir a la canoa porque el golpe que di al agua le asustó mucho y no se atrevió a hacernos daño, ¡listillooo!

Los niños reían con las explicaciones de Gaspar al que siempre le gustaba exagerar. La verdadera historia es que años atrás, cuando él solo tenía cinco años, su familia pasó unos días en la playa. Uno de esos días, su padre alquiló una canoa y, mientras navegaba por la orilla, le contaba a su hijo estas batallitas, pero con el paso de los años Gaspar había ido modificando la historia hasta convertirse en una travesía peligrosísima por el Amazonas con cocodrilos en lugar de flotadores hinchables y serpientes en lugar de churros de piscina.

La pequeña embarcación había salido del espacio en el que los niños habían subido con Tino y se dirigía hacia un gran espacio abierto, un enorme lago.

— ¡Madre mía! — expresó Iván sin dejar de mirar hacia arriba — ¿qué es todo eso que brilla allí arriba?, ¿son estrellas?

Tino esbozó una sonrisa y explicó a los niños que la cueva estaba formada por muchos tipos de minerales y que los que había en el techo eran cristales de un mineral llamado Celestina y que estaba mezclado con Calcita, que el brillo que se veía desde abajo era el reflejo del agua en estos cristales.

— ¿Y estos cristales tienen mucho valor? — preguntó muy interesado Iván.

— Bueno, tienen un gran valor ornamental, en otras palabras, sirven sobre todo para adornar una vitrina, un aparador,...pero su mayor valor está aquí dentro, donde lo estáis viendo vosotros. Es el valor de disfrutar de este espectáculo único en el mundo — explicaba Tino — pero creo que el tiempo se nos está agotando, no quiero que lleguéis tarde a vuestras casas y que vuestros padres se preocupen, debemos regresar.

Los niños no paraban de hacer preguntas a Tino, algunas no tenían mucha relación con lo que Tino les estaba explicando. Gaspar preguntó en varias ocasiones donde había un puesto de bocadillos, Tino no quiso contestar las cinco primeras veces pero, a la sexta, contestó que, para él, este no era un lugar de meriendas sino de trabajo.

Los niños, conducidos por la pequeña barca, llegaron hasta la entrada del ascensor. Tino les comentó que no era prudente decir nada acerca de esta pequeña excursión, que era mejor mantenerlo en secreto para que otro día pudiesen hacer otra pequeña excursión. Era importante que los demás niños no supieran nada porque sería imposible que un grupo muy numeroso entrara dentro de la cueva.

— ¿Cómo se llama esta cueva Tino? — preguntaba Iván.

— Esta cueva fue bautizada hace unos años como "Los ojos del río Pispás" — contestó Tino muy cordial.

— ¿Cómo podríamos venir otra vez? — volvió a preguntar Iván.

— Solo tenéis que dar tres golpes seguidos en el tronco de esta gran morera y yo sabré que sois vosotros, en unos minutos apareceré justamente aquí.

Los niños se despidieron de Tino y el cilindro metálico volvió a desaparecer debajo del agua. Era casi la hora de la cena y, a paso rápido, Andrés, Gaspar e Iván se dirigían a sus respectivas casas.

— Creo que debemos hacer la promesa de no decir nada a nadie, ¿estáis de acuerdo? — proponía Andrés.

— ¡De acuerdo! — contestaron Iván y Gaspar a la vez.

— Entonces, ¿qué decimos en casa y a nuestros amigos? — dijo Iván.

— Podemos decir que hemos estado aquí jugando y lo hemos pasado genial y nada más, ¿no os parece? De todas maneras no creo que mucha gente nos creyese, ni siquiera yo mismo estoy convencido de que sea real lo que he visto — expresó Andrés con gesto de duda.

Los niños se despidieron hasta el día siguiente y quedaron de nuevo a la misma hora, estaban impresionados con lo que habían vivido, nunca se habrían podido imaginar que, en el lugar en el que jugaban al fútbol desde hacía años, hubiese un hallazgo tan importante.

Cuando Iván llegó a su casa sus padres estaban preparando la cena, era justo el momento en que Iván tenía que hacer su encargo de preparar la mesa pero antes tenía que lavarse las manos y cambiarse de ropa. Entró en la cocina, dio un beso a sus padres y fue directo al lavabo para lavarse bien las manos.

— ¡Salvado por poco! ¿eeeh Iván? — Le preguntaba muy irónica su hermana Rosa — ¿dónde has estado metido toda la tarde?, la madre de Jaime dice que su hijo no ha salido y que sus amigos tampoco, ¿no me irás a decir que has estado jugando al fútbol?

A Rosa le gustaba mucho hacer de madre, disfrutaba controlando lo que hacía Iván como si fuese una extensión de las preocupaciones de su madre, siempre le estaba pidiendo explicaciones de todo. Iván, que para estas cosas era muy astuto, siempre tenía alternativas para dar la vuelta a las intenciones de Rosa.

— ¡Oye Rosa!, ¿te gustaría que viésemos de nuevo el video que nos envió el tío Tomás?, es que tengo curiosidad por ver quiénes son los que salen en él — dijo Iván cambiando de tema.

— Bueno ya veremos, vamos primero a cenar y después hablamos — contestó Rosa bajando el tono de su voz.

La familia de Iván se sentó a la mesa, cada uno de ellos en su sitio habitual. La mesa que la familia tenía en el comedor tenía forma de rectángulo, Antonio era quien presidía y Teresa siempre estaba sentada a su izquierda. A la izquierda de Teresa estaba sentada Clara, la hermana mayor de Iván. A la derecha de Antonio se sentaba Iván y a la derecha de Iván se situaba Rosa. Todos estaban sentados de tal manera que, en el lado opuesto a Antonio no se sentaba nadie, era un lugar dispuesto para colocar la fuente de fruta.

La cena transcurrió con mucha normalidad, cada uno contaba lo que había estado haciendo ese día y alguna anécdota de tipo gracioso que pudiera alegrar a los demás. Iván tenía en la punta de la lengua los disparates de su amigo Gaspar, pero esto habría supuesto tener que contar a toda su familia la experiencia tan fantástica vivida en el río. De esta manera tan cordial llegó el momento de la sobremesa. El padre de Iván tenía ganas de hablar y le apetecía mucho contar algo que le preocupaba. Cogió la mano de su esposa y se dispuso a ello.

— Chicos, vuestra madre y yo tenemos algo que contaros — empezó diciendo Antonio — después de dar muchas vueltas a esto, creemos que sería bueno hablar con el señor alcalde sobre lo que hemos visto en el video que nos envió el tío Tomás. Los vecinos están muy preocupados, el alcalde nos ha comentado que nuestro río está mal. Al parecer hay un gran desgaste debajo del pueblo y es posible que, el día que menos esperemos, todo se hunda. Es posible que lo que hemos visto en el río tenga alguna relación.

Iván no sabía qué hacer, ¿sería prudente contar a sus padres lo que habían descubierto él y sus amigos?, pero esto supondría faltar al compromiso con sus amigos de no decir nada a nadie. Iván decidió no decir nada y esperar a que acabase la cena para hablar con sus hermanas de lo que se veía en el vídeo, quizás podría sacar conclusiones que ayudasen a sus padres. Lo que era cierto es que esta situación mal entendida pondría en grandes dificultades las tareas de reconstrucción que estaban haciendo Tino y sus compañeros babús.

— Pero papá, por lo que nosotros sabemos de los babús, estas personas siempre han hecho cosas para ayudar a los demás y salvar la naturaleza — expresó Clara.

— Es cierto, pero en realidad no sabemos si lo que están haciendo ahora podría ayudar en otro sitio y perjudicar aquí — contestó Antonio.

— ¡Seguro que es ayudar, ellos siempre ayudan! — intervino Iván.

— Entonces deberíamos hablar con ellos para que nos ayuden a solucionar esta situación. ¡Debemos ir a Babulandia! — expresó Antonio.

Esta frase dicha por Antonio dejó a todos boquiabiertos; los babús eran seres repletos de bondad pero, al mismo tiempo, rodeados de misterio. Babulandia era una ciudad secreta, la familia de Iván la conocía gracias al tío Tomás que fue el primero en hacer un viaje a estas tierras. Iván también viajó allí pero apenas conocía bien esta ciudad y, por supuesto, mucho menos la forma de llegar hasta allí.

Iván miró a su hermana Rosa y le hizo un guiño para recordarle que habían quedado en ver juntos el vídeo del tío

Tomás. En ese momento, Rosa empezó a bostezar dando a entender que estaba muy cansada.

— ¡Caramba! la cena me ha dado mucho sueño, creo que voy un rato a mi habitación a leer y, enseguida, a la cama — dijo Rosa levantándose y recogiendo sus cubiertos y alguna cosa más de la mesa — Iván, ¿me acompañas un momento?, quiero enseñarte unos dibujos en mi ordenador — añadió muy astuta para que sus padres no creyesen nada extraño.

— Vaaaaaleee — expresó Iván queriendo dar a entender que no le apetecía mucho — buenas noches papá, buenas noches mamá, hasta mañana, Clara.

— Buenas noches, hijo, no estéis mucho tiempo hablando, ¿de acuerdo Rosa?, que os conozco y luego os quedáis de charla hasta las mil — expresó Teresa.

Los padres de Iván se quedaron un rato más hablando y, con ellos, también se quedó Clara.

***

— Procura no hacer ruido, Iván, vamos a ver el vídeo en mi ordenador, ¿de acuerdo? — dijo Rosa mientras encendía su ordenador portátil — ya sabes que a papá y mamá no les gusta que estemos con el ordenador en la habitación, así que sé prudente y guarda silencio.

— ¡No te preocupes, Rosa! ¿Quieres poner ya el dichoso vídeo?... — dijo Iván impaciente.

Rosa introdujo la memoria USB en el ordenador e hizo clic con el ratón en el archivo que ponía Top secret. En unos pocos segundos el vídeo empezó a reproducirse.

El contenido del vídeo era muy monótono, imágenes muy generales desde una posición superior y, abajo, varios babús haciendo indicaciones, uno de ellos, el que estaba en primera línea, se giró e hizo indicaciones de negación con el dedo índice.

— ¡Para, para por favor, Rosa! — dijo Iván hablando en susurros.

En la imagen congelada se veía un primer plano del babús diciendo que no, pero en un segundo plano, detrás, en la parte de abajo, se apreciaba una pequeña embarcación. En la embarcación se podía distinguir el contorno de cinco personas, una estaba claro que era un babús pero las otras cuatro,…

— ¡Anzuelos, no puede ser! ¿CÓMO VA A SER POSIBLE? ¡NO PUEDE SER! — expresó Iván con los ojos muy abiertos.

Rosa no entendía nada, no sabía por qué su hermano había dicho esto. La realidad era que Iván, en la imagen del vídeo, se había visto a sí mismo, a Andrés y a Gaspar en el paseo que habían dado con Tino, pero había alguien más ¿quién era?. No encontraba explicación, ¿cómo podía ser? Era imposible ya que el vídeo estaba allí días antes de que ellos diesen ese paseo, era algo demasiado extraño como para entenderlo.

Después de un minuto más o menos, Iván recobró un poco la calma y pidió a su hermana que continuara el video para ver qué venía ahora. Rosa no paraba de mirar la cara de Iván, no tenía ni idea de la razón por la que Iván había respondido así pero no se atrevió a preguntar, prefirió esperar para ver qué pasaría a continuación.

La imagen se centraba en el babús que expresaba una negación con el dedo índice pero, en seguida, giró para enseñar una parte de la cueva en la que estaban montando una gran estructura metálica. Justo ahí, en ese momento, apareció una luz muy brillante, parecía que venía de la parte de arriba y que se movía haciendo giros rápidos. La cámara dio un giro rápido y se dirigió hacia el lado opuesto. Aparecía una enorme máquina, parecida a un tanque de guerra con una especie de cañón de luz que giraba de un lado a otro. La cámara dio de nuevo un giro rápido y se dirigió hacia el lado donde estaban construyendo la enorme estructura, ahí estaban los babús que corrían de una lado para otro muy apurados.

Los niños miraban con mucha atención el vídeo, cada uno de los acontecimientos que iban sucediendo era extraño y difícil de entender pero Iván iba haciendo conexiones entre lo que él ya sabía y lo que aparecía en las imágenes. En ese momento tocaron la puerta, rápidamente Rosa paró el vídeo, era su hermana Clara.

— ¿Qué hacéis, chicos? — preguntaba Clara — ¿no os acostáis ya?

— Pues la verdad es que estoy bastante cansado — respondió Iván.

— Hemos estado viendo el vídeo, Clara. Es muy extraño, salen unas imágenes difícil de ubicar en ningún sitio y unos sucesos muy extraños — dijo Rosa.

— Yo lo he visto ya entero y pienso como tú, no sé cuál ha sido la intención del tío al enviarnos este video, supongo que, como otras veces, regalarnos una aventura misteriosa para tenernos ocupados en verano — volvió a decir Clara con una sonrisa.

— Si, pero parece que Iván se lo está tomando muy en serio, le está afectando de alguna manera, le veo muy raro — dijo Rosa.

— Acuérdate que Iván tuvo un regalo muy especial por su cumpleaños con aquel viaje fantástico en el que conoció a los babús y la ciudad en la que viven, … es normal que le afecte, pero bueno, vamos a esperar a ver cómo transcurren estos días, ¿no te parece Rosa? — volvió a decir Clara con gesto comprensivo.

— Tienes razón Clara, esperemos y seamos muy comprensivos con Iván, es nuestro hermanito pequeño y le queremos mucho — sonreía Rosa.

Iván se fue a la cama muy preocupado, las imágenes que había visto hacían que tuviese muchas ganas de que llegase el próximo día para hablar con sus amigos sobre los babús, ¿serían ellos esas sombras que se veían al fondo? ¿Qué sería aquella máquina tan extraña?

Tomás Sánchez

4. La máquina.

Iván se levantó muy temprano, su padre le había comentado que esa mañana sería complicada de trabajo porque había muchos clientes y estarían atareados desde muy temprano. Se ofreció a ayudar a sus padres en lo que pudiera y tenía el encargo de amontonar los sacos vacíos en un gran cajón de madera que estaba en la sala de recepción.

Cuando Iván acabó su trabajo pidió permiso a sus padres para ir a jugar, su madre le pidió que se limpiase bien ya que iba lleno de harina y que, antes de salir, leyese un rato. Iván hizo caso a su madre y, cuando acabó de hacer todo, dio un beso a su madre y salió rápidamente en su bicicleta a buscar a sus amigos.

Andrés estaba terminando sus tareas de verano cuando llegó Iván.

— ¡Mamáaaa, ya he acabado!, me voy con Iván, vuelvo para la comida — exclamó Andrés.

Los niños fueron en sus bicicletas a buscar a Gaspar, estaban emocionados, el tema de conversación era la aventura del pasado día cuando subieron en aquella pequeña embarcación con el señor Tino, pero Iván tenía en la cabeza que algo extraño podría pasar, algo peligroso, que las imágenes que había visto eran de algo que aún no había pasado o, a lo mejor no ¿cómo podrían saberlo?

La plaza de la iglesia era el lugar más popular del pueblo, allí era donde se ponía el escenario para las fiestas y donde se solía celebrar todo. Los riopispaseños iban a este lugar a comprar, a las fiestas, a bodas, comuniones,... Ese día la plaza estaba llena de gente porque, entre los demás eventos, también se hacía allí el mercadillo popular de los sábados por la mañana. Los puestos vendían sus productos típicos, así como todo un repertorio de frutas y verduras de la zona. El puesto que más les gustaba a los niños era el de la señora Lucía que vendía unos dulces buenísimos y unas chuches para chuparse los dedos. Además, cuando los niños pasaban por allí, siempre les regalaba un par de caramelos.

Iván y Andrés llegaron pronto a la casa de Gaspar, pero este no estaba, había ido con su padre a la carnicería. Decidieron quedarse cerca de la plaza de la iglesia hasta que Gaspar terminase de ayudar a su padre, pasaron por el mercadillo y saludaron a Doña Lucía que, como de costumbre, les regaló un par de caramelos de limón.

— ¡Hola niños! — Les saludó Jaime que estaba con su madre comprando en el mercadillo — ¿dónde vais?, ¿puedo ir con vosotros?

Andrés puso cara como de no tener ganas de que Jaime les acompañara pero Iván, muy amable con Jaime, le invitó a estar con ellos.

Como Gaspar no aparecía, decidieron ir a buscarle a la carnicería. Cuando llegaron allí, Gaspar estaba ayudando a su padre a limpiar el mostrador de los pollos. Esa misma mañana Gaspar padre había recibido un pedido de pollos y tenía que prepararlos para el asador antes de medio día, justamente a las doce vendrían a recogerlos.

— ¿Qué es eso que dice mi hijo de una cueva que hay en el río? — Les preguntó el padre de Gaspar.

— Bueno,… nada, es que el otro día,… jugando en la gran morera vimos,… pero no es nada peligroso claro,… ya sabe que Gasparín es algo exagerado,... — contestaba Andrés muy inseguro y preocupado por no fastidiar el secreto que guardaban él y sus amigos.

Los niños salieron de la carnicería corriendo para no tener que dar muchas más explicaciones al padre de Gaspar. Gasparín no sabía cómo contestar a sus amigos por la terrible imprudencia que había cometido al decir a su padre lo del otro día en el río.

— Gaspar, ¡dijimos que era un secreto y que no diríamos nada!, ¿qué es lo que no entendiste? — preguntaba Iván con gesto de incomprensión.

— Cuando llegué a mi casa mi padre estaba terriblemente enfadado conmigo, no paraba de preguntar que dónde había estado, que había estado buscándome un buen rato y no me había encontrado. ¡NO TUVE MÁS REMEDIO QUE DECÍRSELO! — explicó Gaspar muy preocupado — pero creo que no me creyó nada, seguramente pensó que le estaba mintiendo, no creo que debamos preocuparnos mucho.

— Bueno, no te preocupes, te entiendo, yo habría hecho lo mismo — contestó Andrés con gesto comprensivo.

— ¡Vaya Andrés, eres un crack!, pensaba que me ibas a echar una bronca de tres pares de narices — dijo Gaspar mirando con una sonrisa.

Andrés miró hacia otro lado mordiéndose los labios. Había hecho un esfuerzo para no disgustarse con su amigo Gaspar y quería mantener ese esfuerzo.

— Pero, ¿de qué habláis? ¿Qué secreto es ese? — interrumpió Jaime algo enfadado.

Los niños entendieron que Jaime debía saber su secreto y se lo contaron todo, después decidieron pasar por el mercadillo para comprar unos melocotones e ir a continuación a casa de Iván, junto al molino, para comerlos y hablar del nuevo plan a seguir. A ellos les gustaba ir allí por las mañanas, se estaba muy fresquito y, la madre de Iván les preparaba siempre una limonada riquísima.

— ¿Qué os parece si volvemos al río esta tarde, llamamos al señor Tino y le decimos que enseñe a Jaime el lago subterráneo chicos? — preguntó Andrés.

— Antes me gustaría contaros algo muy importante — Intervino Iván que, desde hacía un buen rato, había estado callado pensando en la manera de contarles a sus amigos lo que había visto en el vídeo — Hace unos días, mi tío Tomás nos envió un vídeo…

— ¿Tu tío? ¿ese que te regaló aquel fantástico viaje por tu cumpleaños? — interrumpió Jaime.

— Sí, este mismo — prosiguió Iván — hace unos días recibimos un vídeo muy extraño,…

Iván estuvo unos minutos contando todo lo que había visto en el vídeo. Sus amigos le escuchaban con los ojos muy abiertos.

— Pero lo más extraño ha sido que creo que nosotros salimos en el vídeo. Además, había una cuarta persona en la embarcación y creo que es Jaime. Es algo demasiado extraño, no tengo una explicación lógica que no sea la de que se trata de imágenes del futuro, que nosotros volvemos a la cueva y que nos subimos en la embarcación y que, cuando estamos allí abajo, ocurre algo muy extraño y muy peligroso.

Jaime estaba impresionado y, al mismo tiempo, un poco asustado.

— Pues creo que, a lo mejor, no deberíamos volver a ese lugar, ¿no? — expresó Jaime.

— No seas gallinita ¡anda! Seguro que lo que ha visto Iván no tiene nada que ver con nosotros, vamos,… ¡SEGURÍSIMO! — dijo Gaspar intentando tranquilizar a sus amigos.

— Bueno, si os parece bien, nos vemos esta tarde a eso de las cinco junto a la gran morera, ¿vale chicos? — propuso Andrés.

— ¡De acuerdo! — expresaron todos.

Era cerca de la hora de comer y los chicos debían volver a sus casas. Cuando Gaspar llegó a su casa sus padres siguieron preguntándole cosas sobre lo del lago subterráneo, le preguntaban tantas cosas seguidas que Gaspar tuvo que decirles que no sabía nada más, que no se acordaba, que creía que era de esta u otra manera… en definitiva se mostró tan inseguro, que sus padres empezaron a pensar que todo era un cuento de su Gasparín.

— Bueno, vamos a comer antes de que se enfríen las patatas fritas — dijo la madre de Gaspar.

Gasparín respiró profundo y se puso a comer en silencio mirando nada más que a su plato.

En casa de Iván, sus padres estaban bastante cansados, habían trabajado mucho durante la mañana y no tenían muchas ganas de conversación en la comida. De repente sonó el teléfono. Antonio, el padre de Iván, se levantó apresurado para contestar.

— ¿Dígame?,... sí ¡dime, Pascual!,... de acuerdo allí estaré,... ¿has dicho a las ocho?,... vale ¡cuenta conmigo!, hasta luego — contestaba Antonio por teléfono.

— ¿Quién era? — preguntó Teresa nada más incorporarse de nuevo Antonio a la comida.

— Era Pascual, el empleado de la caja de ahorros — contestó Antonio de forma muy breve.

— ¿Y qué quería? — preguntó Clara esta vez.

— Me ha dicho que el alcalde quiere vernos para contarnos algo sobre unos científicos, pero no ha entrado en más detalles, no sé qué podrá ser — contestó de nuevo Antonio — hemos quedado a las ocho.

En casa de Iván no solían ser muy curiosos por lo que cuando Antonio acabó de decir esto, nadie más preguntó nada y prosiguieron con la comida. Después de comer y recoger la mesa Antonio se echó un rato en su sillón para dormir un rato. Iván aprovechó ese momento para llamar a su amigo Gaspar. Cogió el teléfono su madre y le pidió si se podía poner, la madre de Iván le saludó amablemente, le preguntó por sus padres y después le pasó a Gaspar.

— Oye, Gaspar, ¿sabes si tu padre tiene una reunión esta tarde con el alcalde? — preguntaba Iván en voz baja.

— Bueno… los deberes de mates son algo difíciles pero creo que SÍ, los he hecho bien, seguríiiiisimo que SÍ — dijo Gaspar hablando en clave y haciendo especial hincapié al decir sí — bueno, nos vemos en un rato hasta lueeeegoooo.

Gaspar terminó esta frase y colgó rápidamente para evitar sospechas por parte de su madre.

— ¡Gaspar!, ¿Tú has hecho hoy deberes de mates?, ¡no me suena! — le preguntaba su madre.

— Uuufff, los hice tempraníiiiisimo, tan temprano que ni siquiera estaba de día cuando los hice, ¡ni siquiera habían abierto las calles! — contestó algo apurado Gaspar — bueno, mami, voy a descansar un rato que estoy muy cansado de tanto madrugar.

Gaspar se dirigió a su habitación resoplando aliviado por haber salido airoso de las dudas de su madre; una vez allí se echó en la cama para dormir una siesta. Su madre no pudo evitar reír escuchando los comentarios de su hijo, sabía que lo que le había dicho no eran más que excusas, pero siempre le resultaba muy graciosa la actitud de su hijo en estas situaciones.

Al otro lado del teléfono Iván estaba muerto de risa. ¡Qué imaginación la de Gaspar!, siempre tenía una salida ingeniosa, ¡siempre una idea genial!, pensaba Iván.

Como lo habían acordado los niños fueron junto a la gran morera. Cuando estaban allí dieron tres golpes en el tronco como les había dicho Tino. En unos pocos minutos apareció el cilindro metálico. Jaime estaba totalmente embobado, se escuchaba mucho ruido de agua cayendo como de cascada. En dos minutos más empezó a abrirse la puerta del cilindro y apareció Tino tras ella.

— ¿Qué tal chicos? — preguntó Tino muy amable — veo que ha venido un amigo con vosotros.

— Se llama Jaime, es uno de nuestros mejores amigos — dijo Andrés.

— Bueno, daos prisa, no tenemos mucho tiempo, pasad — propuso Tino.

Los niños entraron en el pequeño ascensor, la luz blanca intermitente empezó a parpadear y en poco tiempo, el cilindro había desaparecido debajo del agua.

El grupo de niños junto con Tino se dirigió hacia la pequeña embarcación, Tino les estaba contando que estos días estaban asegurando la cúpula de la cueva con piedra artificial y que, en el momento en que estuviese toda esta roca en su lugar retirarían la enorme estructura metálica, la cueva quedaría asegurada y volverían a Babulandia para preparar otros trabajos que tenían pendientes.

— ¿Qué trabajos? — preguntó Iván.

— Bueno, como tú sabes, Babulandia es un lugar secreto para vosotros, en el que nos preocupamos de que la naturaleza mantenga su equilibrio y de que los hombres no la destrocen demasiado, je, je — contestaba Tino con una sonrisa — ahora trabajamos en mantener bien el cauce de algunos ríos, entre ellos el vuestro, pero no es el único así que debemos terminar cuanto antes este trabajo para solucionar problemas en otros lugares.

— Y, ¿nosotros podemos ir a Babulandia? — preguntó Gaspar.

— Claro, pero tendrá que ser más adelante, ahora estamos muy ocupados — volvió a contestar Tino con una sonrisa.

La pequeña embarcación se introdujo en un nuevo túnel, de repente quedaron totalmente a oscuras.

— ¡No tengáis miedo, niños!, tenemos que pasar por aquí para que podáis admirar lo que quiero enseñaros — dijo Tino para tranquilizar a los niños.

En unos pocos metros la embarcación llegaba a un lugar con más luz, de pronto se introdujo en un espacio muy grande, aunque no tan grande como en el que los niños habían visto el mineral Celestina mezclada con Calcita que brillaba en el techo de la cueva. Al fondo de esta cueva se veía una pequeña playa con una arena finísima.

— ¿Lleváis bañador, niños? — les preguntó Tino.

— Bueno, yo no, pero no me importa bañarme con los pantalones de deporte, no sería la primera vez, pero el agua estará muy fría aquí abajo ¿no? — explicó Andrés, sabiendo que era el único que no llevaba bañador.

Tino miró a Andrés con una sonrisa.

La embarcación llegó hasta la playa y, una vez allí, los niños y Tino bajaron. Cuando Iván tocó el agua descubrió algo muy sorprendente, ¡el agua estaba caliente!

Se trataba de un enorme manantial de agua caliente, un agua completamente cristalina, se veía muy bien el fondo.

— ¿Qué es eso que brilla en el fondo? — preguntó Jaime.

— Son diferentes tipos de minerales que, con el reflejo de las luces, brillan — contestó Tino.

— ¿Es también Celestina? — preguntó muy curioso Iván.

— Bueno, Celestina entre otros. Estas cuevas están repletas de minerales de muchos tipos — volvió a explicar Tino.

Los niños se dieron un estupendo baño de agua caliente, aquel lugar era increíble. La temperatura del agua contrastaba con la de fuera. Cuando los niños salían del agua, la sensación era de mucho frío, pero enseguida se les pasaba, solamente les duraba unos minutos.

— El agua está, más o menos, a 32º y además, debido a la cantidad de minerales que hay en el fondo, tiene propiedades terapéuticas. Es un tipo de agua estupenda para las personas que tienen problemas de corazón, de tensión alta,... entre muchas aplicaciones.

Los niños lo estaban pasando genial con aquel baño, pero se aproximaba la hora de volver.

— ¡Chicos! creo que debemos volver, no vaya a ser que nuestros padres se enfaden con nosotros — dijo Gasparín sabiendo por propia experiencia lo que decía.

Los demás niños estuvieron de acuerdo en recoger y subir de nuevo a la pequeña embarcación que les llevase de otra vez a la salida pero, justo en ese momento,...

— ¡Anzueeelos! ¿Qué es esto? — expresó Iván muy alarmado.

Justo en la pared donde terminaba la pequeña playa se distinguían una serie de pinturas de manos, bisontes, muchos caballos y muchas lanzas inclinadas. Se trataba de toda una obra de arte rupestre, unas pinturas de una calidad impresionante, los colores se distinguían claramente, parecía que las hubiesen hecho hacía poco.

— ¡Esto son pinturas rupestres! ¿No? — preguntó también Andrés.

— A nosotros también nos llamó mucho la atención cuando las descubrimos, bueno, más que descubrirlas, las encontramos aquí sin que nadie tuviese el propósito de buscarlas — contestó Tino — nosotros no somos arqueólogos sino ingenieros.

Los niños estaban impresionados, cada vez que habían bajado a las cuevas habían descubierto algo nuevo y diferente a lo anterior, tenía pinta de que estos descubrimientos iban a ayudar a los niños a pasar el mejor verano de sus vidas.

Cuando los niños llegaron a sus casas, como era habitual, sus padres les preguntaron que qué habían hecho esa tarde y donde habían jugado, ellos contestaron como habían acordado, habían estado jugando a ser investigadores en el paraje del campo de Lisa.

***

Los hombres convocados por el alcalde en la sala de juntas de la alcaldía estaban esperando a que empezase la reunión, con ellos estaba el alcalde, acompañado por un señor con pelo blanco, perilla y una coleta, faltaba Gaspar y Antonio. Cuando llegaron el alcalde empezó a hablar.

"Estimados vecinos, como ya os comenté en la reunión anterior y siguiendo las decisiones que vosotros me habéis trasladado, he decidido, asesorado y ayudado por nuestro vecino Pascual al cual le agradezco todo su esfuerzo, ponerme en contacto con el mejor grupo de investigadores que hay en el momento sobre estas cuestiones. Os presento al señor William Hansper. El señor Hansper tiene una gran experiencia en espeleología y nos ha comentado que puede poner en práctica una nueva máquina que está en periodo de prueba; por eso os pido que me acompañéis"

Diego condujo a los vecinos hasta el almacén que había junto a la alcaldía, abrió las grandes puertas y les invitó a todos a entrar. Una vez que estaban todos dentro encendió las luces y cerró las puertas. Ante ellos había una extraña máquina, algo parecido a un tanque de la primera guerra mundial pero, del tamaño de un coche y, en lugar de tener un gran cañón en su parte delantera, lo que tenía era un artilugio giratorio en forma de taladro cónico con una punta muy afilada. En la parte superior había un gran foco giratorio protegido por una rejilla metálica. En lugar de ruedas tenía unas grandes cadenas como las de un tanque militar.

— Estimados señores — explicaba el señor Hansper con un claro acento inglés — este artilugio que ustedes tienen delante es lo que nosotros hemos llamado DRILL-2008. Esta máquina representa la más potente y avanzada tecnología que existe en el mundo en la actualidad. Se trata de un artilugio inventado por nuestro grupo de investigadores para llegar a lugares subterráneos a los que nunca podríamos llegar y descubrir así los secretos que aún están escondidos en nuestro planeta.

Antonio estaba completamente asombrado por lo que estaba escuchando, no podía imaginarse a esta máquina viajando por debajo de su casa mientras ellos hacían su vida cotidiana. El resto no paró de hacer preguntas sobre el funcionamiento, utilidad, costo,… de la máquina. Lo que más les gustó a los vecinos fue que el señor William no les puso un precio, solo se limitó a agradecer al alcalde su atrevimiento a poner en práctica esta "maravillosa" máquina en el pueblo y que, lo único que pidió, fue discreción, no le apetecía que saliese a la luz el trabajo de esta máquina para evitar paparazzis y curiosos de las revistas científicas. Antonio no entendía muy bien esto pero se mantuvo al margen y no dijo nada, no se sentía competente para dar una opinión al señor Hansper.

— ¡Vamos a ver si entiendo yo esto! — dijo muy airado Gaspar — señor "Jaster" ¿dice que va a dejar esta máquina en la cueva y que la máquina sola, el tiempo que sea necesario, va a hacer un viaje subterráneo y así solucionará nuestro problema?

Los demás hombres no podían aguantar la risa por la forma en la que Gaspar había dicho el nombre del científico.

— Sorry,... Hansper, my name is Hansper, Willians Hansper — dijo el científico en su idioma natal — la máquina no trabajará sola sino dirigida por personal científico por control remoto. Su viaje, as you say, nos llevará hasta el lugar donde está el problema y nos ayudará a resolverlo.

La seriedad del señor Hansper convenció a casi todos, sobre todo al alcalde; sin embargo, Antonio no estaba muy convencido, no paraba de decir a Enrique, el dueño del Kiosco de la plaza de la iglesia, que esta máquina le sonaba de algo y no sabía decir de qué.

— A mí que no me engañen, estos científicos están todos un poco locos — dijo Enrique en voz baja a Antonio — yo votaré que no.

Después de muchas explicaciones, el señor William se retiró agradeciendo el interés y anunciando que pronto empezarían los trabajos, deseó buenas noches a todos y desapareció detrás de la puerta del almacén.

Una vez se había marchado el científico todos se acercaron a la máquina para tocarla y verla con más detenimiento.

— ¡A mí me parece una máquina horrible! — dijo Gaspar.

— ¡Seamos serios señores! — expresó Pascual — este señor científico es una persona muy profesional en su trabajo, tiene muchos estudios hechos y merece mucho reconocimiento, debemos ser respetuosos y agradecidos con esta gente por querer ayudarnos.

— Sí, pero ¡¿a cambio de qué?! — expresó Enrique.

El alcalde puso orden en las conversaciones y expresó su confianza en estos científicos diciendo que no tenían muchas otras alternativas, los demás agacharon la cabeza y aceptaron que esta podía ser el inicio de una solución.

Cuando Antonio iba de camino a casa recordó, "¡la máquina, es la máquina que salía en ese video¡" Antonio acababa de caer en la cuenta de que ya sabía donde había visto antes esa máquina. "¡Dios mío!, esto no pinta nada bien", pensó para sí mismo y siguió su camino a más velocidad.

Tomás Sánchez

5. La gran misión.

Cuando Antonio llegó a su casa era bastante tarde, pero todos estaban despiertos esperando noticias. Contó a todos lo que había visto, describió la máquina y la similitud que tenía con la del vídeo y lo mucho que le preocupaba que unos científicos locos hicieran algo irreparable con el río.

— ¡Debemos avisar a los babús! — dijo Iván como un pensamiento en voz alta.

— ¿Cómo dices Iván? — Le preguntó su hermana Clara.

— Sí, estoy totalmente convencido, es hora de avisar a los babús del riesgo que corren si esta máquina llega adonde están ellos, a Babulandia. Seguro que estos científicos, como todos, lo que quieren es ser famosos a costa de los problemas de los demás — expuso Iván algo acalorado.

— Pero hijo, ¿qué estás diciendo? ¿Qué tienen que ver aquí los babús? — preguntó su madre intentando tranquilizarle.

— ¡Mamá, los babús están trabajando para arreglar el río, nuestro río y ni siquiera se lo hemos pedido, lo hacen porque quieren, porque son muy buenos con nosotros! — exclamó Iván levantando la voz.

— Iván, creo que es hora de que cuentes lo que sabes, ¿qué está pasando en el río?, ¿qué tiene que ver con los Babús? — dijo Clara.

Después de que su hermana Clara dijera esto, Iván quedó pensativo, no sabía qué hacer, estaba en un callejón sin salida. Tomó despacio una decisión y esta fue la de hablar con su familia de lo sucedido días atrás, no vio conveniente guardar el secreto con sus amigos, pensó que ellos lo entenderían. Contó a sus padres y hermanas todo lo que él y sus amigos habían descubierto, su familia escuchaba atentamente su argumento. Cuando Iván acabó de contar todo, sus hermanas le hicieron varias preguntas, Antonio y Teresa se cogían fuerte de la mano, no sabían cómo reaccionar.

— Hijo mío, ¿cómo te has atrevido a meterte en esa cueva? Te podía haber pasado algo muy grave — dijo su madre con gesto de preocupación.

— ¡Qué va mamá! Ya os he dicho que los babús han sido muy buenos con nosotros, en ngún momento hemos estado en riesgo de nada; Tino es una persona excelente y buenísimo con nosotros, siempre nos ha protegido y ha procurado que no corriésemos ningún riesgo. Por esto es importante que les ayudemos. Si es verdad lo del vídeo, los babús están en un gran riesgo. Algo malo va a pasar, lo presiento — dijo Iván muy preocupado.

— Bueno, vamos a ver qué decide el alcalde y, después tomamos alguna decisión. Mañana hablaré con el tío haber que me dice sobre el vídeo y su intención al enviárnoslo. Ahora ya es muy tarde, ¡todo el mundo a la cama! — acabó diciendo Antonio con una sonrisa.

Iván y sus hermanas se fueron a la cama, estaban bastante cansados, el día había sido demasiado largo y emocionante, necesitaban descansar.

La mañana del día siguiente transcurrió como de costumbre en casa de Iván, sus padres trabajaban desde muy temprano, Iván esta vez se levantó más tarde y sus hermanas se encargaban de organizar la casa.

En la casa de Andrés no era todo igual, su padre era transportista, conducía un camión y estaba dos meses fuera de casa, había estado en Alemania y llegaba precisamente ese día. Andrés no había pegado ojo en toda la noche esperando el momento en que llegara su padre hasta que, de madrugada llegó. Esa mañana Andrés estaba muy contento, su padre había llegado y estaría la familia al completo todo el verano.

Gaspar se había levantado muy temprano, había ido a casa de Jaime y, casi le había levantado. Había salido tan rápido de su casa que apenas había desayunado, la madre de Jaime le invitó a unos cereales, después él y Jaime se dirigieron a casa de Iván.

Iván pidió permiso a sus padres para salir con sus amigos, como los días anteriores había adelantado bastante los deberes de verano, sus padres le dieron permiso y se fueron en sus bicicletas. Fueron al campo de Lisa, se sentaron debajo de la gran morera y estuvieron charlando unos minutos sobre lo que el padre Iván le había contado. Gaspar también sabía lo de la máquina.

— ¡¿Veis chicos?! ¡Todo tiene sentido!, todo está empezando a dar sentido a lo que os conté del vídeo, ¿lo veis vosotros así? — preguntó Iván sus amigos.

— La verdad es que lo que me contó mi padre de la extraña máquina podría coincidir con la máquina que sale en el vídeo — comentó Gaspar.

Mientras los niños hablaban llegó Andrés muy contento diciendo a sus amigos que su padre había regresado de Alemania y que le había traído una equipación del Bayern Múnich, la camiseta de Ribéry con el número siete, precisamente era la que llevaba puesta.

— Chicos, ¡no me voy a quitar esta camiseta en todo el verano! — decía muy emocionado Andrés.

— La verdad es que está muy chula, además es la de Ribéry, ¡qué guapa! — Dijo Gaspar.

En ese momento se oyó un fuerte ruido, el sonido de una gran cantidad de agua cayendo, los chicos ya conocían ese ruido, era el cilindro metálico saliendo del agua. Después de unos minutos, cuando ya no caía agua, se abrió la pequeña puerta, como de costumbre era Tino.

— ¡Hola, chicos! ¿Qué tal? — dijo muy simpático Tino — ¿qué planeáis esta mañana?

Tino explicó a los niños que, desde muy temprano, estaba allí comprobando el estado del cauce del río porque durante la noche habían estado trabajando duro para terminar la obra y que, solamente les faltaba hacer unas breves comprobaciones y que estaría todo acabado.

Los niños contaron a Tino lo que sabían de la extraña máquina y lo que Iván había visto en el vídeo. Tino no sabía qué contestar, por un momento pensó que todo era fruto de la imaginación de los niños, pero quiso dar un voto de confianza a sus amigos y les escuchó atentamente.

— Chicos, ¡a partir de ahora TENEMOS UNA MISIÓN!, debemos convencer a los mayores de que el río está "arreglado" y que no deben hacer nada, no es necesario — explicó Tino.

— Pero, ¿cómo vamos a convencerles? Mi padre es un auténtico cabezón, seguro que no me cree — dijo Gaspar con gesto de preocupación.

— No os preocupéis, tengo una idea. Solo tenéis que informarnos sobre cuándo van a usar esa máquina que me decís y después haremos lo siguiente,… — Tino se inclinó hacia delante para hablar en voz baja y les contó el plan que había pensado.

Después de que Tino les contase lo que había pensado, los niños rieron mucho pensando en la cara de sorpresa que podrían llevarse algunos, se despidieron de él y quedaron en reunirse tan pronto supieran cuando empezarían a trabajar con la extraña máquina.

***

En el pueblo todo transcurría con mucha normalidad, los días entre semana solían ser muy aburridos, pero estos primeros días estivales empezaban a ser bastante entretenidos, llegaban los visitantes de verano y se veía más movimiento que de costumbre. En la carnicería y en los alrededores, Gaspar había puesto un cartel de ofertas muy gracioso:

Para el pollo mareado,
para la mejor ternera lechal.
Para la butifarra y el lomo ahumado,
¡ven a comprarle a Gaspar!

— Hola, Gaspar, me he escapado un momento de la caja de ahorros, ¿podrías ponerme un cuarto de salchichón? Es para el almuerzo — dijo Pascual.

— Marchando un cuarto de salchichón, ¿quieres del casero? Lo hacemos mi mujer y yo y está buenísimo, pruébalo — contestó Gaspar ofreciendo un trozo de salchichón a Pascual.

— ¡Muy rico, sí señor, córtame de este! — expresó Pascual saboreando el salchichón que le había ofrecido Gaspar — ¡ah,...antes de que lo olvide!,... me ha dicho Enrique que habló ayer con Diego, el alcalde y que, parece ser, que mañana temprano meterán la máquina en el río para empezar la investigación.

— Entonces deberíamos vernos y hablar del asunto ¿no? — dijo Gaspar sobresaltado.

— Si quieres quedamos a mediodía para comer, yo puedo llamar a los demás, esta mañana estamos muy tranquilos en la caja — contestó Pascual.

— De acuerdo, nos vemos en la taberna de Patricio a las tres — dijo Gaspar terminando de servir el salchichón a Pascual.

Los hombres, como habían planeado Pascual y Gaspar, se vieron en la taberna para comer, estuvieron hablando del asunto de la máquina. Antonio estaba muy preocupado por los niños, pero no quiso decir nada para no alarmar, conocía muy bien a su hijo Iván y sabía que era muy responsable, pero no sabía hasta qué punto debía confiar en su hijo ya que el asunto de la máquina parecía muy peligroso.

Después de estar un rato hablando del asunto de la máquina, los hombres del pueblo decidieron acudir al momento de introducir la máquina en el río para supervisar y no dejar a estos señores al libre albedrío. Se despidieron y concretaron que a las seis de la mañana estarían en la cueva llamada "Los ojos del río", lugar donde el río desaparecía.

Cuando Antonio llegó a su casa, informó a su mujer del asunto y, sus hijos que estaban por allí, se interesaron por esta información.

— Pero, ¿por dónde la van a meter? — preguntó muy ansioso Iván.

— Pues, ¿por dónde va a ser hijo, por la cueva, por donde desaparece el río? — contestó Antonio algo cansado.

— ¿Podría ir contigo, papá? — preguntó de nuevo Iván.

— Es muy temprano hijo, es mejor que te quedes aquí, yo vendré en seguida — contestó Antonio — ahora tengo que descansar, esta mañana madrugué mucho y voy a echar una siesta antes de ponerme a preparar la tarea de mañana en el molino.

Cuando Antonio fue a echar la siesta, Iván y sus hermanas coincidieron en que debían avisar a Tino cuanto antes, Iván llamó a sus amigos alrededor de las cinco y, a las cinco y veinte, ya estaban los cuatro junto a la gran morera.

Golpearon tres veces el tronco de la morera y, en seguida apareció Tino.

— ¡Hola, buenas tardes! ¿Sabéis ya algo chicos? — preguntó Tino nada más ver a los niños.

Los niños contaron lo que sabían del inicio de los trabajos de la máquina y después de pensarlo un momento, Tino les invitó a bajar a la cueva. Los niños escuchaban muy atentos lo que Tino les contaba.

— Se me ha ocurrido la siguiente idea: vamos a hacer unos letreros que indiquen que este lugar es un lugar muy peligroso, se trata de asustar a los posibles invasores y evitar así que hagan un mal uso de estos recursos que tenéis aquí. Primero avisaremos de que están llegando a una bolsa de gas, explicaremos los peligros que pueden correr, y, después,...

Tino explicaba esto con mucho entusiasmo, como si estuviese seguro de que este plan no podría fallar. Los niños escuchaban y movían la cabeza con gesto de aprobación.

— ¡A mí se me ocurre otra idea! — dijo Gaspar muy emocionado.

— ¡Dios mío, a ver qué va a soltar! — dijo Andrés poniéndose las manos en la cabeza.

— ¿Qué os parece si nos disfrazamos de extraterrestres y salimos justo delante de ellos cuando aparezca la máquina? Seguro que nos graban y los científicos salen pitando a hablar con la NASA y,...

Los niños no paraban de reír escuchando las propuestas de Gasparín, cada una de ellas era aún más graciosa que la anterior. Tino también reía, pero en su interior estaba bastante preocupado pensando que la situación podía ser complicada.

Los niños junto con Tino estaban sentados a los pies del gran lago en el que lucían en el techo las piedras de Celestina, no eran muy conscientes del tiempo que estaban allí.

— ¡Uff!, creo que ya es casi la hora de volver, ¿no os parece? Creo que mi padre está preparando una barbacoa para esta noche — explicó Andrés.

— ¡De acuerdo chicos!, volvemos — dijo Tino levantándose del lugar en el que estaba sentado — ¿Qué os parece si salimos por el otro lado?, llegaréis antes a vuestras casas.

— ¡¿Por el otro lado?! — preguntaron los cuatro niños a la vez.

— Donde está la playa hay una salida que nos conduce justo a la cueva donde se pierde el río, es una salida natural, solo tenemos que seguir la corriente del agua y estaremos muy cerca de la cueva. El río deja caer toda su agua en un gran remolino que distribuye agua hacia varios lugares, dos de ellos son esto que habéis conocido, pero hay un pequeño conducto que se dirige hacia otro río, un río llamado Rhum. El Rhum es un río que,… — explicaba Tino.

Iván, al oír el nombre del río Rhum, interrumpió a Tino.

— Yo conozco ese río, y la Comarca también. Estuve en un viaje a través de ese lugar. Fue un regalo que me hizo mi tío por mi cumpleaños — explicó Iván.

— ¡Caramba!, ¡qué pequeño es nuestro mundo! — dijo Tino con gesto de sorpresa — un primo mío es cocinero en el tren que realiza ese viaje, se llama Taco.

— ¡Le conozco, es amigo mío! — volvió a decir Iván muy entusiasmado.

— Estoy deseando que me cuentes cosas de tu viaje, pero ahora tenemos que regresar, ¿os parece bien, niños? — dijo Tino indicando con gesto de la cabeza que subieran en la embarcación.

Los niños y Tino subieron a la embarcación y navegaron a través de diferentes espacios subterráneos, cuál de ellos más bonito.

— ¿Por qué tenemos luz en estas cuevas, Tino?, se supone que en una cueva no hay luz — preguntó Jaime muy observador.

— Muy buena pregunta, pequeño — dijo de forma espontánea Iván.

— ¡Por faaaavooor, no me digas pequeño! — dijo Jaime con gesto de enfado.

— Perdón, no quería ofenderte, es que yo también estaba pensando eso — se disculpó Iván.

— ¿Habéis oído hablar de las luciérnagas? — Preguntó Tino.

Todos los niños sabían bien lo que eran esos insectos, pero era difícil creer que esa luz fuese de luciérnagas.

— Hemos creado una tecnología basada en la luz de las luciérnagas. Esta luz no se acaba nunca, no necesita corriente de ningún tipo, ni baterías, ni nada de eso, está basada en fibras fluorescentes que emiten luz a base de frotación. Es una iluminación estupenda para estar en una cueva y disfrutar de sus maravillas, es el regalo que queremos haceros — dijo Tino con cierto gesto melancólico.

Mientras hablaban, la embarcación había llegado al lugar en el que debían desembarcar para salir a la superficie. Se trataba de una cueva muy parecida a la primera que conocieron, también se podían ver minerales brillantes en el techo pero era de mayor tamaño. La embarcación estaba justo en el centro del lago y, alrededor se podían ver grupos de babús atareados en sus trabajos. Uno de ellos gravaba con una cámara en un lugar de mayor altura.

— ¿Qué están haciendo, Tino? — preguntó Iván.

— Hemos acabado las obras, están haciendo comprobaciones y grabando todo para que no exista ningún fallo. Si queréis, podéis saludar a la cámara, de todas maneras no se nos verá bien, se trata de una cámara antigua que usamos solo para tener un documento de vídeo que acompaña siempre a nuestros trabajos de ingeniería — explicó Tino.

Los niños saludaron a la cámara con sonrisas y moviendo los brazos, pero justo en ese momento se escuchó un ruido enorme detrás de ellos.

— ¡Dios mío, esta situación me suena mucho! — dijo Iván dando un grito.

— ¡AGARRAAAAAOOOOSSS! — gritó Tino.

Los niños se acurrucaron delante de Tino en el suelo de la embarcación, Tino aceleró dando hacia delante a una palanca, a sus espaldas caían trozos pequeños de rocas y parecía que se estaba produciendo un terremoto. La extraña máquina apareció, envuelta en barro, la hélice hacía un ruido como de turbina de avión y giraba a gran velocidad. Al llegar al espacio abierto la máquina se detuvo.

Tino manejaba la embarcación con gran astucia, los demás babús habían conseguido huir saliendo en pequeñas embarcaciones. Los niños estaban muy asustados, pero Tino volvió a tranquilizarles diciendo que en pocos minutos estarían en un lugar seguro. ¿Qué ocurriría con ellos?, ¿adónde les llevaría Tino para ponerles a salvo?

6. Un gran susto en la cueva.

Unas horas antes de que sucediese la aparición de la máquina DRILL-2008 donde estaban los niños, Diego, el alcalde, se había puesto en contacto con Pascual para informarle de que el señor Hansper le había llamado, le había dicho que todo estaba preparado y que habían decidido empezar esa misma tarde. A medio día, aprovechando la hora de la comida, habían colocado la DRILL-2008 en el lugar oportuno y alrededor de las 18:30 empezaron. Pascual tuvo el tiempo justo de notificar a sus amigos, pero en el lugar del inicio de los trabajos solamente pudieron estar Enrique y Jacobo, el padre de Jaime. Jacobo se había enterado de todo porque Enrique se lo había contado ese mismo día cuando fue a comprar el periódico.

***

El cauce de agua por donde iban los niños junto con Tino se iba estrechando, el agua se arremolinaba cada vez más y la embarcación se movía mucho.

— ¡Chicos, vamos a parar un poco más adelante, esta embarcación no soportará el movimiento del agua y corremos el riesgo de volcar! — dijo Tino con gesto de preocupación — ¡agarraos fuerte, que queda muy poco!

Tino consiguió girar con la barca hacia una parte de la cueva en la que se veía mucha luz, se trataba de un espacio circular que, en una de sus orillas tenía una pequeña playa. Había mucha luz porque la parte de arriba estaba abierta, se veían perfectamente las nubes entre las copas de unos árboles.

— Estamos en una de las entradas hacia el río Rhum, justo aquí el agua hace una especie de embudo que absorbe el agua y la conduce hasta el otro río, es algo espectacular, pero bastante peligroso — explicó Tino.

Cuando la embarcación hubo parado, Tino estuvo explicando a los niños que no debían preocuparse de la máquina excavadora, que era muy poco posible que esta pudiese llegar a ningún otro lugar y, mucho menos, descubrir las cuevas que los niños habían visto días antes. También les indicó que debían subir a la superficie desde ahí usando una escalera de cuerda que, sorprendentemente, llevaba Tino guardada en un baúl de la embarcación.

— Pero, ¿Cómo vamos a subir la escalera hasta allí arriba? — preguntó preocupado Andrés.

— Muy fácil, solo tenemos que lanzarla hacia arriba, ¿ves estos ganchos metálicos del extremo de la cuerda? — dijo Tino enseñando unos ganchos parecidos a anzuelos que llevaba la escalera en los extremos de la cuerda — pues se clavan con mucha facilidad en cualquier superficie y ya está, a subir con valentía. No debéis preocuparos yo estaré aquí abajo mientras subís para sostener la cuerda.

— ¿Adónde vamos a salir? — preguntó Gaspar bastante asustado.

— Estamos muy cerca del paraje donde se encuentra la morera, justo antes de que el río llegue a la casa de Iván en el molino, en el llamado "Pozo de los deseos", ¿no os habéis fijado que en el suelo hay cosas de metal brillante?, pues son las monedas que la gente echa en este pozo — explicaba Tino.

En ese momento, los niños miraron a su alrededor, era cierto, la orilla de la pequeña playa estaba repleta de monedas, monedas de todos los tamaños y de gran cantidad de países diferentes.

— ¡Qué pasada, esto es un tesoro! — expresó Andrés con gesto de sorpresa.

Después de que Andrés dijera esto todos quedaron pensativos,…

— Niiiiñoooos, que os leo el pensamiento, debemos dejar todo esto aquí, igual que está, tened en cuenta que son los deseos de muchas personas, no podemos cogerlas, estaríamos haciendo algo muy malo — dijo Tino.

Los niños asintieron con la cabeza, los cuatro se habían dado cuenta de que lo que decía Tino era muy razonable.

— Bueno ¿qué os parece si iniciamos el regreso? — propuso Tino.

Una vez dicho esto, Tino lanzó con gran astucia la escalera de cuerda. En el primer intento no consiguió enganchar bien los ganchos, pero en el segundo acertó muy bien, la cuerda quedó bien sujeta.

— ¿Podemos subir ya? — preguntó Iván.

— ¡Adelante chicos, sois unos valientes! — dijo Tino con su habitual sonrisa.

Los niños subieron con gran habilidad, uno tras otro. Jaime subió el primero, Andrés le invitó a que esto fuese así porque era el más pequeño, aunque sin decir nada de su tamaño claro, pero sobre todo, porque le tenía gran aprecio y le gustaba protegerle. Andrés subió justo detrás de Jaime, incluso a veces empujándole un poco para que la subida de Jaime fuese más fácil. Cuando estaba arriba fue ayudando a Iván y Gaspar cogiéndoles de la mano para llegar hasta el borde del pozo. Desde arriba, Andrés se encargó de soltar los ganchos y tirarlos hacia abajo, Tino se apartó prudente para que no le diesen, después los niños se despidieron y Tino, cuando menos se lo esperaban, desapareció misteriosamente.

— ¿Dónde se ha metido Tino?, he estado mirando todo el rato y no he visto por dónde ha salido, ¿vosotros le habéis visto salir? — dijo Iván.

— Yo ni idea, tampoco le he visto — dijo Gaspar.

Los niños se miraban unos a otros pero ninguno de ellos supo dar una explicación lógica de cómo se había marchado Tino.

Como ya era bastante tarde, los niños decidieron ir cada uno a su casa, tuvieron que saltar con cuidado una valla que impedía acercarse al pozo, desde la que la gente solía tirar sus monedas y, una vez alejados del peligro, con el susto en el cuerpo por lo ocurrido, decidieron verse al día siguiente después de hacer las obligaciones que cada uno tuviese en su casa.

Iván fue el primero en llegar a su casa, el pozo estaba muy cerca, a unos cien metros más o menos. Su madre salía de la cocina con su delantal puesto y con cara de pocos amigos.

— ¿Dónde has estado?, ya hace mucho que te fuiste, estaba preocupada por ti — expresó Teresa.

— Mis amigos y yo hemos estado cerca del río, hemos pasado con Tino a la cueva y,... — quiso explicar Iván, pero su madre le interrumpió.

— Anda, no me expliques más, pasa y lávate las manos, he tenido que demorar un poco la cena para esperar que vinieses, tu padre quería contaros algo — dijo Teresa con prisa.

Iván agachó la cabeza y pasó rápidamente al pequeño aseo que estaba junto al comedor de su casa, su padre y sus hermanas estaban sentados en los sillones dispuestos en forma de U, parecían preocupados y hablaban en voz baja.

Una vez que Iván se había lavado las manos, pasó al salón y saludó.

— ¡Hola papá, Clara, Rosa, tengo algo muy importante que contaros! — dijo Iván con tono emocionado.

— ¿Dónde has estado Iván?, tu madre estaba muy preocupada — dijo Antonio con gesto sorprendentemente tranquilo.

— Pues, es lo que quiero contaros, hemos estado en la cueva todo el rato, ha pasado algo impresionante — contestó Iván.

— Antes de que digas nada, papá quiere contarte algo — dijo Rosa.

Antonio se incorporó hacia delante en el sillón en el que estaba sentado y dejó en la mesita de al lado una taza de infusión que estaba tomando.

— Esta tarde Iván ha sucedido algo impresionante en el pueblo, ¿te acuerdas que os conté lo de la extraña máquina? — Iván asintió con la cabeza — pues esta tarde ha empezado a trabajar, y lo ha hecho así, de repente, sin avisar. El científico este, el señor Hansper, ha decidido que debía ser así y, ha puesto la máquina en la cueva de "Los ojos del río…" y ahí que ha empezado a excavar y excavar y, de tanto excavar,… ha provocado un fuerte temblor en los alrededores. Los del pueblo no entienden nada, no saben qué está pasando y, el señor Diego está muy enfadado, ha llamado a este científico para pedirle explicaciones…— contaba Antonio.

Iván no daba crédito a lo que estaba escuchando, pensaba "madre mía, y nosotros allí debajo huyendo de la dichosa máquina.

— Iván, he encontrado esto en tu habitación, ¿te acuerdas qué es? — dijo Clara sacando una pequeña caja de color verde del cajón de la mesita del salón.

— ¡Anzuelos!, es la piedra mágica, no me acordaba de ella — respondió Iván.

En el viaje que Iván había realizado a través de la comarca del Rhum, había conocido a una niña llamada Iris que le regaló una piedra mágica, esta piedra estaba realizada con el cristal más puro y más valioso del mundo, tenía la propiedad de volver invisible a quien la poseía.

— Ya sé que prometiste no usarla a capricho, pero hemos pensado Iván que este, puede ser un buen momento para utilizarla. Diego, nuestro alcalde, va a tener una reunión con el señor Willian Hansper para hablar de la máquina y de lo que han descubierto. Creemos que sería bueno conocer lo que van a hablar porque tenemos la sospecha de que todo esto es una gran mentira, Parece ser que lo que quiere este científico no es corregir el curso del río para solucionar el problema, lo que quiere es encontrar el camino hasta Babulandia — explicó Clara.

— He hablado con tu tío y me ha contado que después de entrar a la cueva, de la máquina salieron dos soldados con metralletas e intentaron alcanzar a los babús que estaban allí trabajando. Gracias a Dios los babús lograron escapar en sus embarcaciones y nos les pasó nada — contó el padre de Iván.

Iván, con la caja del cristal mágico en sus manos, se había quedado petrificado, ¡y él que quería contar lo que les había pasado!, ¡madre mía!, si lo contaba ahora, su padre le castigaría para todo el verano o quizás para más tiempo, ¿Qué podía hacer?, pensó que lo mejor sería seguir la conversación y ayudar a tomar decisiones a su padre y sus hermanas sobre qué hacer con el cristal mágico.

— Y ¿qué podemos hacer con el cristal mágico? — preguntó Iván.

— Mañana podríamos hacernos invisibles y estar en la reunión con el alcalde sin que nos vieran. Si las intenciones de estos señores son las de perjudicar a los babús debemos ir a Babulandia y decirlo lo antes posible, ¿qué te parece Iván? — preguntó Clara.

— La ceeeenaaaa, ¿habéis puesto ya la mesa? — dijo Teresa levantando la voz desde la cocina.

Antonio se levantó rápidamente y se dirigió a la cocina para calmar a Teresa y decir que la mesa estaba preparada, mientras, Iván, hablando en voz baja, dijo a sus hermanas que le parecía un plan estupendo, que mañana irían a esa reunión ayudados del cristal mágico, pero que le gustaría contarles algo muy importante después de la cena. Acordaron reunirse en la habitación de Iván para charlar del asunto.

Tomás Sánchez

7. El pasadizo secreto.

La cena transcurrió con la normalidad habitual, Teresa ya estaba menos enfadada, Antonio estuvo gastando alguna broma sobre el trabajo de la mañana con el señor Juan Antonio, había traído a su gato y pensaba que el gato se había caído en el molino porque el animal no aparecía por ninguna parte, luego resultaba que estaba jugando con los hilos de una fregona, se había hecho un lío, estaba enredado y no había manera de sacarlo da ahí, "¡menudo cachondeo con el gato de las narices!", decía Antonio riendo sin parar.

Después de la cena los tres hermanos fueron, como habían pactado, a la habitación de Iván, estuvieron hablando de lo sucedido en la cueva esa tarde, Iván insistía en que ellos no vieron a esos soldados de los que había hablado el tío Tomás con su padre, pero que lo que más raro les había parecido fue que Tino desapareció.

— Pues porque tendría un cristal mágico como el que tú tienes ¿no? — preguntaba Rosa.

— Podría ser, yo también lo he pensado al ver el mío, pero también desapareció la embarcación, no creo que con el cristal desaparezcan también los objetos y mucho menos algo tan grande como una embarcación — explicó Iván.

— Quizás, justo ahí, haya un pasadizo secreto debajo del agua — dijo Clara.

— ¡Eso sí podría ser!... ¡Claro! y,... seguramente,... cuando nos hemos girado para saltar la valla del pozo,... se ha metido por ahí y, aunque estaba ahí mismo, no le hemos podido ver — razonaba Iván pensando en voz alta.

Los tres siguieron hablando de la situación y de otras muchas cosas, tanto que se hizo bastante tarde y, mientras hablaban, no paraban de bostezar.

— Bueno chicos, me encanta estar hablando con vosotros, pero mañana tengo que ayudar a mamá muy temprano y ya estoy muy cansada, voy a la cama. Ya sabéis, a las diez menos cuarto quedamos para ir a lo de la reunión, no olvidéis que es a las diez en punto, ¿de acuerdo chicos? — dijo Clara — por cierto, papá sabe nuestra intención con el cristal mágico y me ha dicho que os diga que tengamos mucho cuidado.

— OK — dijo Rosa sacando el dedo pulgar y levantándose para ir a su habitación.

— De acuerdo, chicas, tendremos mucho cuidado, buenas noches — dijo Iván.

Iván no paraba de dar vueltas en la cama, le costaba conciliar el sueño, no dejaba de pensar en lo que le había dicho su hermana Clara, "¡un pasadizo secreto! y ¿hacia dónde se dirigirá?, ¿será esta la entrada a Babulandia?",…pensando en estas cosas, y después de tomar un vaso de leche caliente, cayó profundamente dormido.

***

Era una bonita mañana de principios del mes de julio. El alcalde había recibido al señor Williams en la entrada de la alcaldía, no tenía buena cara, seguramente había dormido mal y tenía el cuerpo destemplado, el señor Hansper tenía mejor aspecto; llevaba unos pantalones color marrón claro y una camisa de manga corta de color azul claro, en su mano llevaba un sombrero, parecido al de Indiana Jones, de color blanco algo sucio.

— Buenos días, señor Williams — dijo el alcalde con poco ánimo.

— Good morning, sir Diego — expresó el señor Williams en su idioma.

Las dos personas pasaron a la alcaldía tras un gesto con la mano del alcalde. Entraron en la pequeña oficina del alcalde y se sentaron.

— Iván, es el momento, debemos entrar — dijo Clara dando un golpe suave en el hombro de su hermano.

Clara e Iván, cogidos de la mano, se hicieron invisibles en el lugar en el que estaba Rosa, quedaron con ella en volver antes de una hora y se dirigieron hacia la alcaldía. Como no veían bien entrar en la misma sala en la que estaban el señor alcalde y el científico, decidieron quedarse en la puerta, la conversación se escuchaba perfectamente.

— Pero, ¿qué me está diciendo usted?, ¿que a nuestro río no le pasa nada?, ¿entonces todo este montaje? — se escuchaba decir al alcalde.

— Usted no entiende nada, lo que estamos buscando es algo increíble, algo que puede revolucionar el mundo de la ciencia y el concepto que tenemos del mundo, ¿no lo ve? — explicaba el señor Hansper.

— Lo único que quiero es que ustedes se vayan de aquí inmediatamente, que cojan su máquina y se larguen, ¿lo ha entendido usted? — dijo el señor Diego levantando la voz.

— ¡Stupid man!, ¿no se da cuenta de que estamos ante las puertas de una civilización que vive ahí mismo sin que la podamos ver?, no piense que nos vamos a ir y ya está, debemos investigar y no hemos de parar hasta que encontremos algo que nos abra la puerta que estamos buscando, esto se hará con su ayuda o sin ella. Good morning sir — dijo el señor Hansper levantándose de su silla con disposición para irse.

Al oír estas palabras, Clara e Iván salieron corriendo hacia donde estaba su hermana Rosa. Cuando hubieron llegado, dejaron de ser invisibles, estaban exhaustos, cansados y, al mismo tiempo, muy emocionados.

— ¡Anzuelos, anzuelos y re-que-te anzuelos! — dijo Iván muy emocionado — ¡esta gente está buscando a los babús, el río Rhum, la entrada secreta,... está claro!

— Seamos prudentes Iván, es posible que no se trate de eso, puede ser que hayan visto esas pinturas de que nos hablaste, a lo mejor están investigando alguna otra cueva o han encontrado más cuevas con nuevos hallazgos prehistóricos — explicó Clara para tranquilizar a Iván.

— ¡Bueno,... vamos a ver, chicos, me quedo aquí sin saber si estáis bien o no, nerviosa perdida sin saber lo que os pueda pasar, venís y ¿no me contáis nada?! Pues ¡QUÉ BIEN ME PARECE! — dijo Rosa algo enfadada.

— No te enfades, Rosa, ahora mismo te contamos lo que hemos escuchado.

Iván y Clara contaron a Rosa la conversación del alcalde y el señor Hansper, los dos coincidían en que había algo que les distraía bastante y era que el alcalde había hablado de montaje y, como habían llegado un poco tarde no habían escuchado la explicación del señor Williams sobre lo que habían encontrado en la cueva. Describió al alcalde unos tipos de huellas que había en el barro, le contó también que sus hombres habían intentado capturar a unos hombrecillos que estaban por allí, pero que no habían podido cogerlos, enseñó al señor Diego unas fotos pero solo eran las de las huellas, ya que no tenía imágenes que demostrasen lo de los hombrecillos.

Para el señor Hansper, todo esto era un hallazgo importante, pero para el alcalde no tenía ninguna importancia, lo único que quería saber era si el pueblo corría algún riesgo, si, como habían dicho los otros científicos, se iba a hundir. El señor Hansper le explicó que los otros científicos y él eran lo mismo, que ambos habían encontrado lo mismo y que lo que realmente querían todos, era tiempo para investigar estas pruebas encontradas, querían dar a la luz la gran noticia del descubrimiento de una civilización perdida. Después de estas explicaciones del señor Hansper, el alcalde había tenido un enfado monumental, se sentía engañado y no estaba dispuesto a permitir que nadie hiciese en su pueblo lo que le viniese en gana. Al final de la conversación echó al científico de su despacho y le dijo que se llevase su máquina a otra parte, que no le quería volver a ver.

***

— Pero entonces, parece ser que los científicos han engañado al señor alcalde ¿no? — cuestionó Rosa.

— ¡Claro!, por eso el alcalde está tan enfadado y ha echado a esos científicos. Pero me ha dado la impresión, por lo que ha dicho el inglés este, que no tienen mucha intención de irse así tan fácil ¿verdad Clara? — dijo Iván.

— Estoy de acuerdo, creo que sería necesario avisar a los babús, deben retirarse lo antes posible a Babulandia, de lo contrario los van a encontrar y... ¡Dios sabe lo que serían capaces de hacerles! — dijo Clara.

Después de que Clara dijera esto, los tres decidieron ir a su casa. Ya eran cerca de las doce y, en casa, era hora de ayudar, ya que Antonio iba a ir con su amigo Enrique a pescar a esa hora y no querían dejar sola a su madre. Decidieron aligerar la marcha y llegar antes de que saliese su padre para darle la noticia de que el pueblo no estaba en peligro, que quienes lo estaban eran los babús.

Cuando Iván llegó a su casa, inmediatamente se puso en contacto con sus amigos, les llamó y les contó que debían investigar cómo había desaparecido Tino en aquel pozo, que estaba dispuesto a bajar de nuevo y mirar por si había alguna cueva o algo que les diese alguna pista.

— Yo tengo varias cuerdas de escalada — dijo Gaspar hablando por teléfono con Iván — las cogeré y diré a mis padres que vamos a hacer una tirolina, mi padre me enseñó a hacerla y seguro que me deja llevarme esta cuerdas.

— De acuerdo, tráetelas por si las necesitamos, coge también el bañador y las gafas de nadar, seguro que nos mojamos — contestó Iván.

Por la tarde, alrededor de las cinco, los cuatro amigos estaban en la valla desde donde se veía el pozo. Andrés y Gaspar se encargaron de hacer un fuerte nudo con la cuerda a la valla. Una vez preparada la cuerda, empezaron a bajar. Gaspar había puesto un arnés a Iván y le había atado fuertemente una cuerda, en el otro extremo de la cuerda le había puesto una pieza de aluminio en forma de ocho, por esta pieza pasaba la cuerda y hacía la función de polea por la que la cuerda se deslizaba suavemente asegurando una bajada suave.

Fueron bajando todos, cada vez que descendía uno, se soltaba el arnés y lo subía para que se lo colocara el siguiente. El último en bajar esta vez fue Gaspar que, como tenía más experiencia en estas cosas, decidió hacer un rápel hasta abajo. Todo iba de maravilla hasta casi la mitad de la bajada, pero, justo cuando le faltaban unos dos metros para llegar al suelo, se le atascó la cuerda con la pieza en forma de ocho y empezó a balancearse inclinándose peligrosamente hacia el agua. En uno de los balanceos sobre el agua, la cuerda se soltó de repente y Gaspar cayó apresuradamente en el agua. Andrés, muy preocupado por lo que había pasado, se lanzó sin pensar nada más para coger rápidamente a Gaspar, pero este se levantó del agua y se puso de pie, justo en ese lugar el nivel del agua llegaba solo hasta la rodilla. Jaime e Iván se mondaban de risa, sobre todo porque Andrés se había tirado de cabeza para rescatar a Gaspar y tenía todo el pelo manchado de lodo negro del fondo del pozo. La imagen era digna de comedia, el accidentado de pie, muerto de risa y el rescatador casi a punto de tener que ser rescatado.

Después de un rato de risas de los niños comentando este accidente, decidieron dar una vuelta por la pequeña playa mirando detenidamente cada centímetro de la pared. Se podía apreciar el hueco por el que, seguramente, Tino había llegado hasta allí con la pequeña embarcación desde la cueva donde habían visto aquella máquina, pero no era posible que hubiese salido por allí ya que, de lo contrario, habría ido en dirección a la horrible máquina otra vez, pero ¿por dónde habría salido? Iván había estado mirando a Tino todo el rato y, si hubiese salido por el hueco este, lo habría visto fácilmente, no podía ser que hubiese salido por allí, además era muy arriesgado meterse ahí ya que el agua circulaba en sentido contrario y la corriente no dejaba avanzar por muy experto nadador que uno fuese.

Estuvieron un buen rato buscando pero no consiguieron ver nada, estaban algo cansados y decidieron darse un baño en aquella agua tan cristalina.

— ¡Vaya!, esta agua está deliciosa, ¿la habéis probado? — preguntó Gaspar.

— Sí, algo blanda para mi gusto — dijo Jaime.

Los cuatro niños estaban disfrutando de un baño refrescante y muy particular, ya que este lugar, como sitio para el baño, no era conocido en el pueblo. La gente lo conocía porque solían venir los visitantes veraniegos a tirar una monedita y desear volver al año próximo, como hacen los turistas en las fuentes famosas de Italia. Sin embargo, Iván no estaba del todo tranquilo, no paraba de dar vueltas a la cabeza pensando cuál sería el lugar por el que Tino había salido del pozo.

— ¡Ya lo sé!, el tapón, debe ser el tapón — expresó Iván dando un grito.

— ¡Qué tapón ni qué nada!, ¿estás bien de la azotea? ¡Vaya susto me acabas de dar chico! ¿Qué quieres decir con el tapón, qué tapón, te crees que estás en la bañera de tu casa? — preguntó sobresaltado Andrés.

Jaime y Gaspar miraban fijamente a Iván, no sabían la razón por la que Iván, de repente, había dado ese grito.

— El agua entra aquí por el hueco por donde entramos nosotros con Tino en la barca, pero, ¿por dónde sale?, ¿dónde está el tapón,… el desagüe? ¿Por dónde se escapa el agua? Debemos buscar eso, estoy seguro que ese desagüe es el pasadizo que estamos buscando — dijo Iván con gesto de haber descubierto un enigma.

— ¡Tienes razón Iván!, el agua entra, pero no nos hemos puesto a pensar que debe salir por algún lugar, de lo contrario esto se llenaría y saldría toda el agua por arriba, ¿no? Y ¿cuál será ese desagüe? — Cuestionaba Jaime.

— ¡Vamos allá entonces!, se trata de bucear un poco y buscar un orificio o un hueco grande — propuso Andrés.

— Bueno, cada uno que se sumerja por una parte, si alguien ve algo que lo diga, ¿vale? — propuso Iván.

Los niños empezaron a sumergirse por diferentes lados del pozo, pero después de unos 15 minutos, ninguno había visto nada todavía. Decidieron quedarse un momento sentados en la orilla charlando un poco mientras contemplaban el movimiento del agua.

— La verdad es que, si te fijas bien, el agua estando tranquila tiene un movimiento circular muy suave. Si hubiese un desagüe grande, ese movimiento sería mucho más rápido, como cuando quitas el tapón de la bañera ¿no? — decía Andrés pensando en voz alta.

Justo en ese momento, tal y como decía Andrés, el agua empezó a agitarse violentamente, hacía exactamente lo que había dicho el niño y, de repente, justo en el centro del pozo, apareció la embarcación con Tino a bordo. Como si de una cápsula espacial se tratase, la embarcación tenía un cristal a modo de burbuja que cubría al pasajero, que en este caso era Tino con su habitual sonrisa.

— ¡Hola, chicos! — saludó Tino al mismo tiempo que se abría la burbuja de cristal — ¿no estaréis aquí desde que os dejé verdad? Je, je, je

Los chicos no sabían qué contestar, estaban tan alucinados con la misteriosa llegada de Tino que no tenían palabras para expresar su sorpresa.

— ¡Parece que habéis visto un fantasma! ¿Os sucede algo? — preguntó Tino.

Gaspar se inclinó hacia Iván para decirle algo en voz baja.

— ¡Este tío es alucinante, aparece de debajo del agua y todavía nos pregunta si nos pasa algo!, ¿no te fastidia?

Iván no pudo evitar soltar una risita inocente; Gaspar siempre tenía una salida graciosa aunque la situación fuese la más extraña del mundo. Se esforzó un poco y logró disimular sus ganas de reír.

— ¡Hooola, Tino, ¿qué tal? — saludó Iván intentando ser cortés.

— ¡Hola! — dijeron también los demás niños.

— ¿De dónde ha salido señor Tino? — preguntó educadamente Jaime.

— ¿Queréis venir chicos? Quiero enseñaros una nueva sorpresa — propuso Tino.

Los chicos, encantados con la propuesta de Tino, subieron a la embarcación, en unos segundos, la cúpula de cristal les cubrió y la embarcación quedó convertida en una especie de submarino.

— ¿Nos vamos a sumergir? — preguntó Iván.

— Si, esta embarcación está preparada para sumergirse, pero no a demasiada profundidad, como mucho unos veinte metros — explicó Tino.

Tino accionó una palanca de color verde e inmediatamente se escuchó un ruido como de ventilador,

— ¡Este ruido que escucháis es la salida de aire puro para que podamos respirar debajo del agua! — explicó Tino.

Inmediatamente, la embarcación hizo una inclinación poniendo su parte delantera hacia el fondo. En ese momento la nave dejó de ser un barco para convertirse en un pequeño submarino. La nave inició el descenso lentamente, alrededor se veía perfectamente el fondo y, por la dirección a la que iba, parecía que el choque con el suelo iba a ser inevitable.

— ¡Que chocamos, que chocamos, que chocaaamoooos! — expresó Gaspar dando un grito.

Las piedras del fondo se podían distinguir muy bien y la nave se acercaba cada vez más a ellas, además daba la impresión de que había aumentado la velocidad. Tino pulsó un botón rojo redondo que estaba delante de la palanca verde que había accionado anteriormente, los niños se cogieron fuerte a la barra metálica que hacía de separador entre los asientos, Jaime estaba tan encogido que parecía un pequeño escarabajo mirando hacia el suelo de la nave.

— ¡Chicos, no os perdáis esto, es alucinaaaante! — gritó Tino al mismo tiempo que la nave hacía un giro de casi 90 grados.

Tomás Sánchez

8. Babulandia.

Una gran compuerta se abrió a la derecha de la nave en la que viajaban los chicos y, tras ella, un escandaloso torrente de luz que hacía que los chicos tuviesen que guiñar los ojos. La compuerta estaba oculta tras la pared de rocas que había en el fondo del pozo, era imposible verla a no ser que se abriese. Una vez abierta el resplandor era tan fuerte que, hasta que no pasaron unos minutos los niños no pudieron abrir los ojos.

— ¿Por qué hay tanta luz, Tino? — preguntó Andrés.

— No os preocupéis, en un momento veréis con normalidad, se trata de la diferencia de luz que hay entre el pozo donde estabais y donde estamos ahora. Estamos en el río Rhum, muy cerca del bosque de las Verdalinas, donde se encuentra la tortuga más anciana de este planeta, tiene unos doscientos treinta años. Este bosque tiene ese nombre por unas flores que solamente crecen aquí, su color es verde claro y son una preciosidad, ¡bienvenidos al lugar donde vivo, bienvenidos a Babulandia! — dijo Tino emocionado.

Los chicos estaban asombrados mirando a su alrededor, todo era de color verde y se encontraban en medio de un río enorme con el agua azulada y muy caudaloso.

— ¿Cómo hemos llegado hasta aquí? ¿cómo vamos a volver? — preguntó Gaspar mirando a Tino con cierta desconfianza.

— Gaspar, tengo algo importante que deciros. Hemos descubierto que hay unos científicos que quieren llegar hasta aquí... — empezó a decir Tino.

— Yo también lo sabía, nos enteramos mi hermana y yo porque se lo escuchamos al alcalde hablando con el señor Hansper — interrumpió Iván.

— ¿Y cuándo nos lo ibas a decir? — preguntó Andrés un poco molesto.

— Bueno, es que es una larga historia, no te preocupes, te lo explicaré después — contestó Iván poniendo una sonrisa.

***

En el pueblo se acercaba la fecha en la que tenían que dar inicio las fiestas populares, la famosa fiesta del agua. La gran mayoría de habitantes de Riopispás no tenían ni idea de las preocupaciones del alcalde y, a pesar de que aún no había aparecido ningún cartel avisando de las fiestas, algunas calles, como era la tradición, ya estaban adornadas con pequeños banderines de colores para participar en el famoso concurso de calles adornadas.

La calle de la iglesia permanecía sin adornos ya que, al ser la calle principal, era responsabilidad de la alcaldía. Allí siempre se colocaban luces amarillentas y un escenario para los días en que solían tocar las bandas musicales de los pueblos de alrededor. Esos días acudían a Riopispás muchos visitantes y algún que otro extranjero, sobre todo franceses.

Antonio y Enrique regresaban de su jornada de pesca y habían decidido pasar por la taberna a tomar un vino antes de llegar a casa.

— Enrique, ¿tú crees que debería haber fiestas este año?

— ¡Pues claro, Antonio! ¿Cómo no va a haber fiestas? Mira la gente como tiene ganas de divertirse, ¿no has visto la calle de los olivos lo bonita que ha quedado? ¡La gente tiene ganas de pasarlo bien y olvidar las preocupaciones! — respondía Enrique con su habitual genio.

— Por cierto ¿sabes algo de Diego? Llevo bastante tiempo sin verlo.

— Pues mira, yo también le estoy echando de menos, normalmente pasa por mi quiosco todos los días para comprar la prensa, pero ni ayer ni hoy ha pasado, ¡lo mismo anda enfermo o algo! — expresó Enrique.

— Ayer estuvo aquí — dijo Patricio, el dueño de la taberna — y, la verdad, le vi bastante cabizbajo, algo bajo de moral. Normalmente hablamos de cosas del pueblo, pero no habló nada, tomó un vino y en seguida se marchó para la alcaldía. Le vi bastante raro, la verdad.

De repente, mientras Antonio, Enrique y Patricio hablaban, sonó el teléfono.

— ¡Antonio ponte al teléfono, es tu hija Clara, dice que es importante! — dijo Lucía, esposa de Patricio, con el teléfono descolgado en la mano.

— ¡Dime, hija! — contestó Antonio rápidamente — ¿cóooooomooo?,… ¿dónde diceees?,… ¡¿pero cómo puede ser?! ¡Bueno, voy para allá en unos minutos!

Según escuchaba, la cara de Antonio iba transformándose empezando por tener cara de asombro, después enfado y, por último, algo más de tranquilidad.

— ¿Qué pasa, Antonio? — preguntó Enrique preocupado por las respuestas que había dado al teléfono.

— Nada, nada, mi hijo Iván… no te preocupes no es nada importante, tengo que ir a casa.

***

Tino contó a los niños que el grupo de científicos **D.H.R**, o lo que es lo mismo *Discoverers Hidden Riches* (descubridores de riquezas ocultas), llevaba varios años siguiendo pistas para encontrar la ciudad de Babulandia. En varias ocasiones habían estado cerca de las puertas mágicas por las que los babús solían acercarse a las tierras de los humanos, pero lo cierto era que, aunque un par de veces habían estado muy cerca, nunca habían supuesto una verdadera amenaza.

— Por cierto señor Tino, ¿cuándo vamos a regresar?, no me gustaría que nuestras familias se preocupasen por nosotros — preguntó Iván un poco nervioso.

— Chicos, no debéis preocuparos, he dejado ordenado que notificaran a la familia de Iván que estáis aquí, en un rato daremos la vuelta para regresar a donde os he recogido; mientras, disfrutad de este maravilloso paisaje — contestó Tino muy tranquilizador como siempre.

A partir de ese momento, los chicos empezaron a disfrutar mucho más del entorno en el que estaban. Desde la embarcación pudieron ver una gran secuoya y algunos animales que se acercaban a la orilla para beber agua del río. A lo lejos empezaba a divisarse algo espectacular: se trataba de la famosa ciudad de Babulandia. Era como una gran pirámide hecha con multitud de terrazas repletas de vegetación, se podían divisar muchas palmeras, pequeños pinos con un precioso color verde claro y numerosos puntitos de colores que adornaban los arbustos plantados en grandes balcones. Estos puntitos de colores eran flores típicas de verano, entre las que predominaban las de color amarillo y naranja. La vista era espectacular, además, estaba adornada con la luz tenue y anaranjada de la puesta de sol cayendo en el horizonte del río frente a los niños.

Los muros de la ciudad eran blancos como esos pueblos andaluces encalados, la mayoría de la vegetación era colgante, como un verdadero jardín colgante y, en lo más alto de la ciudad, una gran bandera ondeaba a causa del aire. No se distinguían muy bien los colores debido a que el sol caía a la espalda de la ciudad, pero se podía adivinar que esta bandera era como un tablero de ajedrez pero con una franja oblicua de un color morado. El río, siguiendo su curso, quedaba a la izquierda del inicio de la ciudad piramidal, de tal manera que los muros de la ciudad en esta parte, eran el margen derecho del mismo. Todo era una imagen espectacular, los niños estaban en silencio contemplando esta preciosidad de paisaje.

De repente, una voz proveniente de algún tipo de emisora, se escuchó dentro de la embarcación: "Debéis volver, es urgente, debéis dar la vuelta y retroceder,… Tino, ¿has recibido?"

— ¡Recibido! ¿Qué ocurre Milto? — preguntó Tino al mismo tiempo que empezaba a girar la embarcación.

"La puerta del río está en peligro, debéis volver y salir por los ojos de Ríopispás", volvió a decir Milto por radio.

— ¡De acuerdo, vamos a toda prisa! — contestó Tino acelerando.

— ¡¿Qué pasa, Tino?!— preguntó Andrés un poco alarmado.

— No lo sé exactamente, pero me temo que algo grave debe estar pasando en los alrededores de la puerta del pozo. Debemos ir deprisa para que podáis cruzar e ir a vuestra casa, de lo contrario tendremos que ir a Babulandia y pasar allí la noche, ¡agarraos fuerte, chicos!

La burbuja de cristal se cerró y la embarcación quedó nuevamente convertida en un mini-submarino, el ruido del ventilador volvió a escucharse y, en unos segundos la nave estaba sumergida.

— ¡Creo que hay una luz ahí delante! — dijo Iván dando un grito.

— ¡¿Una luz?! ¡NO ES UNA LUUUUUZ, ES UN,... — gritó Gaspar sin acabar lo que quería decir.

¡LA EMBARCACIÓN SE DIRIGÍA HACIA UN ANIMAL ENOOOOORME!, se trataba de un tipo de pez parecido a un tiburón ballena, solo que se le podían apreciar unas grandes manchas luminosas en el lomo. El animal se dirigía lentamente hacia ellos, los niños lo podían ver perfectamente, podían apreciar una boca muy grande con un montón de dientes redondeados. No tenía un aspecto peligroso debido a su lentitud pero, lo cierto era que la dirección era exactamente hacia ellos y su tamaño era tal que la embarcación cabía perfectamente en la boca del escualo.

Los niños empezaron a dar gritos, Gaspar se agarró fuerte a Tino, Andrés, Jaime e Iván se abrazaron.

— ¡No puede ser, este animal no debería estar aquí! — dijo Tino con gesto de rabia.

— ¡Gira deprisa hacia la izquierda, Tino! — dijo Iván dando un grito.

Al oír a Iván, Tino, de forma automática, giró bruscamente el volante hacia la izquierda, la nave dio el giro muy deprisa y los chicos fueron a parar rodando contra el cristal de la burbuja y la nave empezó a dar vueltas como una peonza. A pesar de los giros, Tino consiguió huir del inmenso animal e introducir la embarcación en una caverna, una vez dentro, tiró hacia atrás de una palanca gruesa que estaba junto al volante y la nave fue disminuyendo la velocidad hasta quedar parada.

Los niños permanecían abrazados como una bola humana, Jaime disimulaba las lágrimas y Gaspar creía que aún estaban dando vueltas. Andrés e Iván volvieron a ponerse en el asiento.

— ¿Estamos a salvo, Tino? — preguntó Iván.

— No estoy seguro, voy a intentar comunicarme con Milto — contestó Tino cogiendo el comunicador — ¡atención Milto, atención Milto! ¿Me recibes?,… repito ¿me recibes?

La emisora de la nave no hacía ningún sonido, todo estaba a oscuras y, al fondo se veía un resplandor azul. Los niños y Tino estaban en una cueva estrecha a mitad de camino hacia ninguna parte, ¿podrían salir de aquel lugar misterioso?, ¿podrían llegar otra vez hasta el río y retomar el rumbo hacia la salida en el pozo de Riopispás?

***

En la salida del pozo se habían reunido los padres de los niños, allí estaban Gaspar, el padre de Gasparín, Jacobo, padre de Jaime, Andrés, el padre de Andrés y Antonio, el padre de Iván. Clara, la hermana de Iván, había recibido una notificación de los babús en la que decía, tal y como Tino les había dicho a los niños, que estaban en Babulandia, que no había ningún peligro y que regresarían alrededor de las 21:00 horas.

— Yo creo que debemos bajar — dijo el padre de Jaime algo nervioso.

— No podemos bajar, no tiene sentido, ahí no hay nada, lo único que podemos hacer es esperar hasta que lleguen, no creo que les quede mucho — intervino el padre de Iván.

— A mí se me ocurre una idea,…

Gaspar explicó que él tenía una linterna acuática muy potente, que tenía muchas ganas de usarla ya que la había comprado para hacer submarinismo pero que su mujer nunca le había dejado. Todos estuvieron de acuerdo en que podía ser buena idea y se pusieron manos a la obra.

9. Los descubridores de riquezas ocultas.

Después de unos minutos de pánico en la pequeña embarcación por lo sucedido con el tiburón gigante, el cansancio, la impotencia de no poder hacer otra cosa que esperar y que Tino empezó a contar historias de Babulandia, hizo que reinase la tranquilidad.

— ¿Qué es esa luz amarilla que se enciende y se apaga ahí a la derecha del volante Tino? — interrumpió Gaspar.

Tino se volvió para mirar lo que decía Gaspar y, al instante, se giró hacia los niños con muy mala cara. La situación parecía ponerse algo tensa, sobre todo porque, para incrementar la tensión, a Jaime parecía que le iba a dar un ataque, se puso de pie, empezó a gritar, a decir que veía una luz al final del túnel, Andrés lo sujetaba fuerte para que no se hiciera daño, pero este no paraba de gritar. Gaspar se levantó ágil hacia él y, sin pensarlo dos veces, le propinó una torta que sonó como un aplauso en el teatro.

— ¡¿Qué luz ni qué narices al final de túnel?! — dijo Gaspar mirando fijamente a Jaime — ¡Aquí no se va a morir nadie! ¿Lo has entendido, Jaime, o tengo que darte otra torta?

Jaime quedó paralizado y con la cara rojiza, Andrés explicó a Gaspar que todos debían estar más tranquilos, Tino no sabía ya a quien sujetar,…

— ¡Es cierto, hay una luz al final del túnel, Jaime tiene razón!, ¿no lo veis? — gritó Iván señalando con su dedo índice al lado contrario al que miraban los demás.

Como bien había dicho Jaime, al final de la cueva se podía adivinar una luz intensa blanca que se agitaba como un péndulo.

***

Gaspar había traído, como había dicho al resto de padres, una linterna acuática. Se trataba de un gran foco comprado por internet en esos anuncios de grandes ofertas de artículos inútiles pero a buen precio, "POTENTE LUZ SUB-ACUÁTICA, PARA TUS EXCURSIONES SUBMARINAS". Era una potente luz que iluminaba, desde el fondo del agua, todo el pozo. Se podían adivinar todas las monedas que habían ido echando los visitantes, cada una con su brillo particular, la luz era tan potente y el agua tan limpia, que aquello parecía el manantial de agua más pura del mundo y, además invitaba a echarse al agua y darse un baño.

Después de unos momentos iniciales, desde que habían metido aquella potente luz al pozo, hasta unos minutos después, todos habían permanecido en silencio, cada uno con sus pensamientos y preocupaciones acerca de cómo estarían sus hijos.

— ¡Creo que oigo algo! — dijo Andrés padre agarrándose fuerte a la valla del pozo y mirando hacia dentro — permaneced en silencio un momento, creo que es como un ventilador o algo parecido.

Todos permanecieron agarrados a la valla mirando hacia dentro y en silencio esperando a que, en breves momentos, pasase algo.

***

— Jaime, perdóname por haberte pegado, pensé que querías decir que nos íbamos a morir y,… perdóname ¿vale?— dijo Gaspar a Jaime agachando la cabeza por timidez.

— No te preocupes, Gasparín, a lo mejor yo habría hecho igual —contestó Jaime con una sonrisa.

Tino giró la nave para conducirla hacia la luz que estaban viendo, decidieron esta solución ya que, hacia el otro lado, podía estar aún el gran tiburón esperando a que saliesen. La luz se veía cada vez con más intensidad y mayor tamaño.

— Debemos estar entrando a la cueva que da paso al "Pozo de los deseos", no recuerdo esta entrada, debe ser nueva o haber estado aquí siempre sin que lo sepamos — dijo Tino con gesto de sorpresa.

— ¡Por este lado es por donde vimos la máquina excavadora! — dijo acertadamente Andrés.

— Creo que sí, pero debemos arriesgarnos, ¡NO NOS QUEDA AIRE DENTRO DE LA NAVE! — dijo Tino mirando la luz roja que acababa de encenderse — ¡agarraos fuerte voy a acelerar para conseguir llegar antes a la superficie!, si no me equivoco estamos en la cueva de "Los ojos de Riopispás", donde vimos la extraña máquina, espero que ahora no esté.

Los niños hicieron caso a lo que les pidió Tino, se agarraron fuerte, la nave tuvo que ascender desviándose de la dirección en la que estaba la luz blanca balanceándose y, en pocos minutos, estaban a flote no en el "Pozo de los deseos", sino en la cueva que ellos pensaban. Inmediatamente, la cápsula se abrió y todos pudieron respirar aire fresco del interior de la cueva, allí estaba el resplandor de las luces luciérnaga, el agua cristalina y,… los hombres de la D.H.R, los descubridores de riquezas ocultas que, mas que investigadores y científicos, parecían paramilitares contratados para conquistar o invadir y sin tener ninguna cualificación como científicos.

Por suerte para los niños y Tino, los hombres no pudieron verles, Tino había tenido la prudencia de apagar todo el mecanismo de la nave y permanecía en silencio avanzando despacio hacia la pequeña cueva que daba acceso al pozo. En unos segundos, la embarcación aparecía en el pozo gracias al rastro de luz que dejaba el foco del padre de Gaspar.

— ¡INCREIBLE,… SON ELLOS! — gritó Jacobo — pero ¿de dónde salís?

Jaime contuvo las lágrimas, tenía muchas ganas de llorar pero no quiso aparentar que había pasado algo de miedo, Andrés dio un grito de alegría viendo que su padre estaba allí, Iván saludaba a su padre agitando los brazos y Gaspar aguantaba, con un nudo en la garganta, un gesto serio hasta que se dio cuenta de que su padre sonreía al verle, entonces se le saltaron las lágrimas. Todos estaban muy contentos, aunque los niños mucho más, al fin y al cabo ellos eran los protagonistas de la aventura.

Todos estaban saludándose y, los niños, con gran emoción, explicando cómo era Babulandia, el gran tiburón ballena, los animales del río, la gran secuoya,.. hasta que, de repente, se escuchó el sonido de una lancha acercándose dentro del pozo. Todos habían subido y estaban junto a la valla, Tino había subido con ellos después de ocultar la nave en el fondo del pozo con una especie de mando a distancia. De repente, escucharon un ruido de motor en marcha, Antonio invitó a Tino a que se fuese a la casa-molino y que permaneciese allí hasta que llegasen ellos, de esta manera, si eran los científicos, no le cogerían para investigarle.

En unos segundos apareció en el pozo una lancha tipo militar con varios hombres vestidos de verde con gorras americanas, entre ellos estaba el señor Hansper vestido igual que los demás hombres.

— ¡¿Qué hacen ustedes aquí?! — dijo gritando Williams Hansper.

Gaspar padre se agarró fuerte a la valla metiendo medio cuerpo dentro del pozo. Su cara manifestaba enfado, estaba bastante cabreado.

— ¡¿Que qué hacemos aquíiiiii nosooootroooos?! — dijo Gaspar padre gritando — ¡qué hacen ustedes ahí, es lo que digo yo, ¡qué narices hacen ustedes ahí dentro de nuestro "Pozo de los deseos"!

Antonio cogió a los niños y se apartó con ellos a unos metros del pozo, no quería que pudiesen escuchar alguna impertinencia por la tensión que se respiraba en el ambiente.

— ¡Estamos siguiendo una pista, creemos que en esta zona hay indicios de seres de un mundo paralelo al nuestro! — explicó Williams.

Al escuchar esto, ninguno de los que estaban allí pudo evitar reír a carcajadas. La lancha empezó a girar para acercarse un poco más.

— ¡Ríanse lo que quieran, pronto tendrán noticias mías! — dijo a gritos el señor Hansper al mismo tiempo que ordenaba a sus hombres que se retirasen.

***

A la mañana siguiente Iván se levantó pensando que todo había sido un sueño, que el tiburón, la cápsula en la que viajaban casi sin aire, los paramilitares de la D.H.R., el túnel,...pero esta sensación duró muy poco ya que, en seguida escuchó la voz de Tino. Al oírlo, Iván se levantó rápidamente y fue a buscarlo para asegurarse que todo había pasado de verdad.

Los padres de Iván y Tino estaban en la cocina, charlaban y reían escuchando las bromas que contaba Tino y las historias de la ciudad de Babulandia. Era un sábado temprano y no había trabajo en el molino, Antonio y Teresa habían cerrado dos días antes por vacaciones aprovechando que en esas fechas no quedaba recolección de cereales salvo algún campesino que se hubiese retrasado al que atendían amablemente.

— ¡Tenéis que ver esto! —dijo Clara apareciendo con prisas en la cocina.

Clara llevaba en sus manos una tablet que, normalmente, usaba para trabajos de la universidad. Tenía abierta una página de una revista científica británica "THE VERY INTERESTING". Se trataba del siguiente texto traducido del inglés:

"El famoso científico Williams Hansper, experto en descubrimientos muy valiosos, como los tesoros perdidos en el Amazonas o los cofres secretos de los reyes fenicios en el mar Mediterráneo y creador del grupo de investigación llamado **Discoverers Hidden Riches***, ha dado a la luz una investigación llevada a cabo en España en la que afirma la existencia, más que evidente, de una población escondida en algún lugar sub-*

terráneo cerca de la costa mediterránea. Se trata de una civili-
zación muy ordenada y avanzada en conocimientos tecnológi-
cos, según las palabras del propio investigador. El Comité In-
ternacional de Ciencia y Tecnología está contrastando los datos
aportados por el excéntrico científico"

E. R. Klint

Después de que Clara leyera la noticia, Antonio preguntó a Tino si esta situación era peligrosa para Babulandia y sus habitantes y qué podían hacer ellos. Tino no sabía qué decir, nunca se había encontrado con esta situación tan amenazadora para su mundo.

— Creo que debo ir cuanto antes a Babulandia, hablaré con el alcalde y se reunirá el Consejo de sabios, ellos sabrán que debemos hacer, mientras tanto si a vosotros se os ocurre algo por favor, comunicárnoslo.

— ¿Cómo podemos comunicarnos con vosotros Tino? — dijo Iván incorporándose a la conversación.

— ¿Os acordáis de la gran morera?, dais tres golpes y allí estaré.

Teresa preparó una bolsa con algunos dulces que había cocinado y un bizcocho, Tino se despidió de la familia de Iván dando un abrazo a todos y mostrando su agradecimiento.

— ¡Ojalá termine pronto esta situación! — exclamó Tino con gesto de preocupación — mientras tanto tened cuidado con estos científicos malvados, sed prudentes y no corráis riesgos innecesarios. Nos vemos pronto.

Tino entró en el pozo; en un instante, pulsando un mando a distancia, apareció su embarcación y, en pocos minutos, desapareció debajo del agua. Esa mañana no había rastro de los científicos y la entrada del pozo estaba tranquila; era muy temprano y nadie pudo ver a Tino. Iván y su familia estuvieron un rato sentados junto a la valla del "Pozo de los deseos". Iván, sin dar ningún tipo de explicación, cogió una moneda que llevaba en el bolsillo y la echó dentro del pozo. Por alguna extraña razón, la moneda que había echado Iván en el pozo brillaba con mayor intensidad que las demás, Iván se quedó unos minutos mirando en el interior del pozo esperando que, quizás, ocurriese algo extraño, pero no pasó nada.

Tomás Sánchez

10. La gran idea.

En el pueblo de Riopispás todo transcurría con mucha normalidad, era un sábado del mes de julio y estaba el mercadillo en la plaza de la iglesia, pero no todo estaba bien, Diego, el alcalde tenía una preocupación, las fiestas no se habían celebrado y no sabía qué hacer para solucionar esto. Este verano estaba siendo algo diferente, no se habían celebrado las fiestas, sin embargo, había más visitantes de lo habitual. El alcalde estaba convencido que estos visitantes estaban en el pueblo por la fama que había tenido la fiesta del agua de años anteriores, ¿qué podría hacer?

— ¡Diego! — se escuchó a Enrique llamando al alcalde.

Diego se acercó al kiosco para ver que quería Enrique.

— ¡¿Tú has visto esto?! — preguntó Enrique enseñando un periódico de tirada nacional a Diego.

En una de las páginas interiores del periódico aparecía una foto grande de Williams Hansper. En el texto que había debajo explicaba lo mismo que Clara había enseñado a sus padres y a Tino con las palabras del famoso científico.

Mientras Enrique y Diego leían la noticia del periódico, se empezó a escuchar un griterío en el mercadillo. La gente se agolpaba alrededor de algo que no era posible ver por el tumulto, alguien empezó a gritar "¡llamar a Diego, llamar al alcalde!", en menos de un minuto, el alcalde y Enrique estaban rodeados de personas que, a la vez, querían decir algo importante.

— ¡A ver, a ver, que hable solo uno, no entiendo naadaaa! — gritó Diego intentando transmitir un poco de calma.

Pero antes de que nadie pudiese dar a Diego una explicación clara de lo que pasaba, dos cámaras de televisión y varios reporteros ponían sus grandes micrófonos en la boca del alcalde.

— ¡Señor alcalde, Dolores Llul para el Canal 3 Internacional, conexión en directo, ¿es cierto que han encontrado algo extraño en el río que pasa por este pueblo? — preguntó una de las reporteras.

El alcalde quedó petrificado, nunca se había tenido que enfrentar a una situación como aquella, además, la gente que rodeaba no sabía nada de lo que estaban preguntando.

— No tengo datos fiables acerca de lo que ustedes me están preguntando, tan pronto sepa algo se lo diré, yo mismo les llamaré para darles una rueda de prensa, pero hasta ahora solamente sé lo que he leído en el periódico, deberían ustedes hablar también con este señor Hansper que sale en la noticia, quizás sea él quien sabe de lo que estamos hablando. Ahora les pido que dejen de grabar a los habitantes de mi pueblo y no trastornen más nuestra tranquilidad cotidiana, gracias.

— Pero señor alcalde, dicen que el río tiene misterios ¿es eso cierto? — siguió preguntando la reportera.

— ¡Le he dicho lo que sé, les repito que, cuando sepa algo más les llamaré, gracias! — dijo Diego caminando hacia la alcaldía.

Los reporteros seguían a Diego, las gentes que estaban en el mercadillo seguían a los reporteros con sus bolsas y carros de compra, todo era un enorme lío.

Diego entró en la alcaldía despidiéndose de los reporteros y cerró la puerta con gran dificultad. La gente siguió allí y la reportera Dolores Llul no paró de hacer preguntas a todo el mundo, pero nadie sabía contestar nada.

— Se despide a la espera de nuevas noticias Dolores Llul, desde el pequeño y encantador pueblo de Riopispás,… vaaaleee chicos, ¡dejaaamos de grabaaar! — dijo Dolores dirigiéndose a los cámaras.

Poco a poco la gente volvió a sus quehaceres en el mercadillo y, después de que hubo acabado todo el barullo, alguien llamó a la puerta de la alcaldía. Era la señorita Dolores Llul, reportera del Canal 3 internacional.

— Señor, alcalde, antes de nada, le presento mis disculpas, mi trabajo es así y hago lo que me pide mi cadena, espero que usted lo entienda — dijo con gesto serio.

La señorita Llul era una prestigiosa periodista de televisión, entre sus últimos trabajos, había sido reportera en zonas de conflicto, acababa de estar cubriendo noticias relacionadas con las personas refugiadas que huían de su país para desplazarse al norte de Europa y su experiencia había sido tan dolorosa, que pidió a su cadena que fuese destinada a otros campos profesionales. El Canal 3 internacional le había reconocido su trabajo y la había destinado a la sección de documentales científicos. Desde hacía unos meses estaba investigando al señor Hansper debido al carácter extraño de este científico. La teoría de la señorita Llul era que, en los trabajos de este señor, había "gato encerrado".

— Señora Llul,…

— Señorita, señor alcalde, aún no estoy casada, gracias — corrigió la periodista con muy buena educación.

— Bueno,… señorita Dolores, lo que le he dicho antes es la verdad, no sé de qué se trata esto, solamente sé lo que he leído en la prensa y no estoy capacitado para decir nada más, le prometo que, en el momento que sepa algo más se lo diré — dijo Diego con gesto muy sincero — ahora le pido por favor que me dé tiempo para investigar esta situación.

— No se preocupe, señor alcalde…

— Mi nombre es Diego — interrumpió el alcalde.

— Encantada, señor Diego… como le digo, no se preocupe, le doy mi tarjeta para que, en cuanto sepa algo, me lo comunique. Por favor, manténgame informada, llevo mucho tiempo investigando a este científico y tengo más que sospechas de que este hombre no es "trigo limpio" — dijo con una sonrisa en la cara — por cierto, me ha encantado su pueblo y usted,... bueno, que usted me parece muy buena persona.

Diego se puso muy colorado, agradeció a Dolores lo que le había dicho y cogió la tarjeta que le ofrecía. Se despidieron amablemente con el compromiso de mantenerse informados de cómo iba la situación.

***

Iván y sus amigos habían quedado en el campo de Lisa para jugar un partido. Este partido iba a ser el más importante del año ya que era internacional, contra ellos jugaban niños de otros países que estaban de vacaciones en Riopispás.

El terreno de juego estaba muy seco, había poca hierba y era bastante peligroso, si sufrías una caída era herida segura.

Ricardo, Riki para los amigos de Riopispás, había regresado de un viaje a París con sus padres. Su familia era bastante adinerada y habían prometido a Ricardo que, si tenía buenas notas a final de curso, irían a Disneyland. Esto había sucedido ya que Riki era muy buen estudiante, aunque no jugara al fútbol como a él le gustaría. El fútbol era su punto débil, no se le daba mal del todo, pero a pesar de estar siempre de delantero, nunca conseguía meter goles. Lo más cerca que había estado ese verano de marcar un gol fue una vez que había chutado muy bien, pero un gato negro se puso entre el balón y la portería; desde entonces cada vez que se hablaba de esto, él siempre decía que "el gol valía ya que el balón iba dentro seguro". Sus amigos se reían mucho diciendo que esto era lo que le faltaba para asegurar que lo suyo era mala suerte. Entre la nota graciosa de Ricardo y que el partido era internacional, los chavales habían conseguido olvidar un poco las emociones de los últimos días.

El partido, que en el inicio era bastante entretenido, pronto dejó de serlo. Los jugadores nacionales ganaban en los primeros treinta y cinco minutos por 5 a cero. Como de costumbre, Riki no había marcado y había decidido salir un rato para descansar y quitarse algo de presión. Llegó el tiempo de descanso y Andrés, capitán del equipo, se dispuso a dar las instrucciones para la segunda parte: "¡ahora debemos aguantar el resultado y mantener la pelota, llevamos mucha ventaja y es muy difícil que perdamos!".

Una vez que Andrés había dado las instrucciones, miró hacia el olivo que estaba en una de las orillas del campo y cuya sombra hacía de banquillo, y se dio cuenta de que Ricardo estaba aún allí sentado.

— ¡Chicos! — avisó Andrés con tono de rabia— nuestro objetivo principal en la segunda parte, además de tener la pelota, es QUE RIKI MARQUE UN GOL, ¿de acuerdo?, no lo olvidéis, debe marcar su gol ¿vale?

Todos contestaron levantando su dedo pulgar en señal de estar de acuerdo y se dispusieron a colocarse en el campo.

El partido se reanudó con Ricardo en el campo, y todos seguían las instrucciones que había dado Andrés de mantener la pelota dándose pases. Se aproximaba peligrosamente el minuto 90 y el marcador señalaba 6-2 a favor del equipo de casa, Riki había tenido un par de ocasiones claras pero el portero del equipo contrario era bastante bueno y los paró haciendo una estirada increíble. Cuando llegó el minuto 90 uno de los jugadores del equipo internacional se acercó a Andrés y pidió 4 minutos de descuento ya que el balón se había colado una vez en el río y tuvieron que ir a recogerlo. Andrés aceptó con una sonrisa pensando que de esta manera Riki tendría una última oportunidad.

Se acercaba el minuto 93, el partido se había endurecido, los jugadores internacionales habían conseguido un penalti y se disponían a tirarlo. Gasparín, que estaba de portero, puso su famosa cara de malvado mirando al que lo iba a tirar. El balón salió disparado de las botas del delantero internacional, Gaspar vio bastante bien la dirección del balón y se tiró, consiguiendo detener el balón en dos tiempos. Rápidamente lanzó el balón alto, lo recogió Andrés, Riki le seguía en el otro extremo, Andrés estaba en el lado derecho de la portería contraria, Ricardo en el izquierdo, Andrés dio un pase bombeado hacia Riki y,...

Lo que pasó después del pase de Andrés parecía sacado de una peli de ciencia ficción, Riki miraba fijamente al balón, no se dio cuenta de que en el suelo había un pequeño agujero y tropezó cayendo hacia delante. En esto que el balón golpeó fuerte en la cabeza de Riki y salió disparado hacia la escuadra del lado derecho del portero contrario. El gol fue espectacular, los niños del equipo internacional se llevaban las manos a la cabeza, los del equipo de Riopispás abrazaban a Riki y lo llevaban como a un torero para salir por la puerta grande, Ricardo lloraba de la emoción al mismo tiempo que no se podía explicar la forma en la que había marcado aquel gol.

***

Diego había decidido ir a ver a Antonio para comentarle lo de la visita de Dolores. Cuando llegó a la casa-molino, Antonio estaba en el jardín preparando las cañas de las tomateras.

— ¡Anzuelos, señor alcalde! ¿Qué le trae por aquí? Disculpe la pinta que llevo es que,…

— ¡No te preocupes hombre, estás en tu casa! — interrumpió Diego con gesto cansado — quería charlar contigo, eres un hombre prudente y seguro que sabrás ayudarme en lo que te voy consultar.

Diego contó a Antonio lo que había pasado esa mañana en el mercadillo y mostró su preocupación y sus dudas, no tenía claro lo que debía hacer.

— Deja pasar el tiempo Diego, seguro que se nos ocurre algo, no te preocupes. Lo importante es que nuestro pueblo no está en peligro — dijo Antonio tranquilizando al alcalde.

Los dos hombres se despidieron dándose la mano y Diego se fue a casa con dos botes de mermelada de calabaza casera que hacía Teresa y que estaba para chuparse los dedos.

***

Los chicos, después del emocionante partido, decidieron compartir sus meriendas poniéndolas todas juntas en las mesas que estaban en la orilla del río, estuvieron charlando de la gran noticia que sería que por fin Riki, el eterno delantero, había marcado su gol. Ricardo no paraba de decir que este sería el primero de sus innumerables goles. Todos se divertían mucho y reforzaban su gran amistad.

— Estoy pensando que deberíamos hablar con los mayores y decirles que no es justo para nosotros que este año no haya fiesta del agua, ¿no os parece? — expresó Iván— además, podríamos proponerles hacer un partido como este, seguro que vendría gente de todos los pueblos vecinos.

Todos estuvieron de acuerdo con lo que proponía y acordaron dar ideas a sus padres para que, de la manera que fuese, hubiese fiesta.

— ¡Podríamos organizar una fiesta de disfraces!, la gente se lo pasa genial disfrazándose — dijo Jaime.

— ¿Y si hacemos una fiesta temática? — propuso Ricardo — imaginaos que todo el pueblo somos extraterrestres, personajes de un cuento, fabricantes de quesos,…

Los niños se partían de risa escuchando cada una de las propuestas. En ese momento aparecieron Rosa y tres amigas, Noelia, la hermana de Garparín, Lourdes y Andrea las dos hermanas de Jaime.

— Chicos, os hemos oído cuando llegábamos y nos parece que habéis tenido una idea genial, lo de la fiesta temática es una gran propuesta — dijo Rosa.

Al oír a Rosa, Ricardo se puso colorado como un tomate.

— ¿Qué os parece si el tema de la fiesta es que somos habitantes de unas tierras misteriosas y venimos del fondo de la tierra a compartir nuestras riquezas con los habitantes de Riopispás? — dijo Lourdes — Rosa nos ha contado los problemas que tenéis con unos extraños científicos y,… ¿os imagináis toda la prensa, los científicos, las televisiones,..? Todos estarían esperando a que aparecieran los extraños habitantes de una ciudad escondida y misteriosa, repleta de secretos y tesoros.

— Y que nuestra ciudad se llamase Babulandia…— dijo Rosa sin pensar en nada más.

— ¡¡ B A B U L A N D I A A A !! — dijeron varios niños a la vez con caras de extrañeza.

Jaime, Iván, Gaspar y Andrés se miraron con gesto de complicidad, no querían desvelar los secretos de la ciudad de Babulandia, no querían traicionar a su amigo Tino. Andrés, muy astuto, intervino enseguida.

— ¡Vaya imaginación que tienes Rosa, ¡vaya nombre más original te has inventado! — dijo Andrés guiñando discretamente un ojo a la niña.

— Bueno, no sé, me parece un nombre divertido ¿no? — contestó ella.

— La verdad es que está bastante bien chicos, a vosotros, ¿qué os parece? — preguntó Iván al resto de chicos.

La mayoría asintieron con la cabeza con gesto alegre pensando lo bien que se lo podían pasar. Iván, Jaime, Andrés y Gasparín, resoplaron fuerte descargando la tensión que habían pasado temiendo que se desvelase el secreto de Babulandia. Todos marcharon a casa con la sensación de estar solucionando algo importante para su pueblo.

11. La fiesta.

La mañana de lunes 20 de julio de 2015 a las 11:30 se reunían en las oficinas de la alcaldía de Riopispás: Diego el alcalde; Dolores Llul, corresponsal del Canal 3 Internacional; Antonio y su hija mayor Clara; Enrique, el dueño del kiosco de la plaza de la iglesia; Gaspar el carnicero y Pascual el empleado de la entidad bancaria del pueblo. Días antes, habían acordado llevar a cabo un plan propuesto por los niños del pueblo. El motivo de la reunión era solucionar la cuestión de que unos científicos pertenecientes a un grupo llamado *Discoverers Hidden Riches*, más conocidos en Riopispás como "buscatesoros", habían vuelto a solicitar la reanudación de las investigaciones. La respuesta del alcalde había sido un NO rotundo, pero seguían insistiendo en la necesidad de seguir investigando y no admitían la negativa del alcalde.

— Creo que debes seguir negando la petición del señor Williams Hansper Diego, pero antes, debemos confundirles con la propuesta de fiestas del pueblo, se me ha ocurrido que...— explicaba Dolores Llul.

Dolores explicó lo que había pensado, estaba claro que era la primera que entendía que el señor Hansper no jugaba limpio, solo quería enriquecerse a consta del patrimonio de los demás. El río Pispás era de los habitantes del pueblo, ellos debían cuidarlo y protegerlo. Los demás que estaban en la reunión aplaudieron la idea de la reportera y se pusieron manos a la obra con mucha ilusión.

***

Pasó la noche del día 20 y amaneció una estupenda mañana del día 21 del mes de julio. En la plaza de la iglesia apareció un cartel enorme que decía:

PRÓXIMO SÁBADO 24 DE JULIO

FIESTA EN RIOPISPÁS

Visita de los habitantes de la desconocida ciudad llamada BABULANDIA. Vienen a compartir sus costumbres, dulces y comidas típicas.

NO TE LO PUEDES PERDER, VEN CON TODA LA FAMILIA, TE REIRÁS, TE DIVERTIRÁS Y BAILARÁS AL SON DE LA FAMOSA ORQUESTA DE RIOPISPÁS

¡A PARTIR DE LAS 11:00 TODO EL DÍA SIN PARAR!

El gran cartel apareció en las principales calles y plazas de los pueblos vecinos, todo Riopispás hablaba de lo mismo. A las once de la mañana del día 21, los niños del pueblo, siguiendo las instrucciones que el alcalde le había dado las familias, repartían hojas con indicaciones para preparar un traje apropiado para la fiesta, tenían que llevar un sombrero de paja estilo vaquero, una camisa blanca, un pantalón azul claro y un pañuelo verde en el cuello. En la cintura llevarían una faja del mismo color que el pañuelo. El traje de las mujeres era con los mismos colores pero con algunas diferencias, llevarían un sombrero de mayor tamaño con un pañuelo que se ajustaba a la barbilla además del pañuelo del cuello, en lugar de pantalones, llevarían una bonita falda azul y sin faja, sino un pequeño delantal al gusto de cada una para personalizar el traje. Además de la ropa, todos debían llevar enganchado en la cintura un pequeño trompetín curvo, típico de la zona, al que los riopispaseños llamaban cariñosamente "el pajarito" porque tenía un sonido agudo muy agradable, parecido al canto de los jilgueros.

Como os podéis imaginar, el revuelo en el pueblo era enorme, todo el mundo andaba preocupado por tener el traje listo en dos días, sobre todo las mujeres que lo veían muy complicado, pero que les hacía mucha ilusión. Por fin el pueblo volvía a su alegría habitual, todo eran risas y ganas de que todo saliese estupendamente.

A las tres de la tarde del mismo día 21, se reunían para comer Diego, Dolores Llul, Jacobo y Virginia. Virginia, la madre de Jaime, había sido la creadora del modelo para el traje de la fiesta, Diego había estado hablando con ella para confeccionar el traje días antes y, en un momento ya estaba la idea en marcha. Cuando todo estaba preparado, encargaron 7000 pañuelos para repartirlos entre los habitantes de Riopispás. Los pañuelos llevaban grabado el escudo del pueblo. Todo el engranaje estaba en marcha, cada vecino sabía su misión, todos sabían lo que tenían que hacer.

El día 22 de julio a las 9 de la mañana, la plaza de la iglesia relucía preciosa, los papelillos y banderines daban el aspecto de fiesta, los balcones lucían sus mejores flores, los empleados de la alcaldía terminaban de instalar el escenario y de colgar las últimas luces. En el espacio del mercadillo se habían instalado los puestos y adornados con banderines de colores para que todos fuesen iguales. Junto a los banderines y papelillos habían colgado unos globos enormes llenos de confeti que escondían las sorpresas que habían preparado los niños junto con un pequeño petardo que hacía que explotasen, idea de Gaspar al que le encantaban los fuegos artificiales.

Dolores Llul, contagiada por el espíritu de fiesta del pueblo y con la intención de que la noticia llegase a los oídos de Williams Hansper, envió una nota de prensa a la cadena con la fotografía del cartel anunciador del evento junto con la noticia grabada en video:

"Los habitantes de este tranquilo pueblo, con el carácter de gente amable que les caracteriza y con las ganas de agradar siempre a los visitantes, celebran en próximo día 24 una extraña fiesta. Ellos la han llamado "la fiesta de la bienvenida" a los desconocidos, según palabras de su alcalde.

—Señor alcalde, ¿Cuál es la intención de ustedes con este festejo?

—La intención es la que siempre ha caracterizado a nuestro pueblo, la de dar la bienvenida a todo el que quiera visitarnos y hacerles partícipes de nuestra felicidad y ganas de pasarlo bien.

—Y ¿qué es eso de la ciudad de Babulandia? ¿Existe realmente?

—*La ciudad de Babulandia existe en cada uno de noso-*
tros siempre que descubrimos algo nuevo. La fiesta de este año
ha surgido de la espontaneidad de unos niños maravillosos que
son los niños de Riopispás, con una imaginación fuera de serie,
que nos han contagiado y nos han ayudado a superar momentos
difíciles. Por ellos y para ellos tengo que decir que Babulandia
existe y existirá a partir de ahora y para siempre en nuestros
corazones, en todos los corazones de los habitantes de Rio-
pispás.

—*Desde este bonito pueblo de Riopispás y con estas ma-*
ravillosas imágenes de sus gentes ayudando a los preparativos
de las fiestas, se despide Dolores Llul, corresponsal del Canal 3
Internacional"

La noticia tuvo gran eco internacional, las gentes veían la
imagen del cartel y pensaban en la visita de extraterrestres, o de
habitantes de regiones no conocidas, pero lo más interesante fue
que Williams Hansper empezó a sospechar algo extraño, reunió
a sus hombres y comentó con ellos la posibilidad de que los riopispaseños estuviesen ocultando algo, que era posible que aparecieran los habitantes reales de la ciudad perdida que ellos estaban buscando aprovechando el barullo de la fiesta y que debían

acudir a la fiesta y descubrir lo que allí pasaba. Decidieron buscar una excusa para acudir al pueblo y pensaron decir al alcalde que querían entrevistar a los habitantes de Riopispás para una encuesta sobre los movimientos del agua del río.

**

El día 23 a las 15:00, en el telediario de la tarde, retransmitían en directo la entrevista que unos periodistas hacían a Williams Hansper, entre ellos estaba Dolores Llul:

"Nuestro equipo de trabajo está concluyendo los estudios de las pruebas que hemos extraído del fondo del río Pispás y, en unos días, daremos resultados concluyentes"

—Señor Hansper, Dolores Llul para el Canal 3, ¿cree usted que la fiesta que están preparando los habitantes del pueblo de Riopispás puede tener algo que ver con sus descubrimientos?

—Estamos convencidos de que los habitantes de Riopispás han invitado a alguien de lugares desconocidos para nosotros y van a hacer una fiesta de bienvenida"

La entrevista seguía con las preguntas de otros científicos, sobre todo después de lo que había contestado el señor Hansper, pero cuando las familias de Iván, Andrés, Jaime y Gaspar escucharon las palabras del científico, no pudieron aguantar la risa, las carcajadas se oían en todo el pueblo. El secreto de la existencia de Babulandia quedaría siempre con ellos. Estaba claro que los científicos, que días antes habían venido a crear alarma con aquello del posible hundimiento del pueblo, lo único que querían era ganar dinero a consta de ellos y que les dejasen coger las riquezas que ellos pensaban que había.

Poco después de la noticia en el telediario, sonaba el teléfono móvil de Diego.

— ¿Has visto la noticia Diego? —decía Dolores Llul con cierto entusiasmo.

— Sí, creo que lo que hemos planeado está saliendo tal y como pensamos ¿no? — contestó el alcalde — lo que ahora me preocupa es que la historia que ha montado Williams va a hacer un efecto de llamada y no sé donde vamos a meter a tanta gente.

— ¡No debes preocuparte por eso Diego!, que venga gente al pueblo es bueno para todos, el comercio, la riqueza del pueblo, la cultura,… en fin, cuanta más gente mejor.

***

Era alrededor de las seis de la tarde, Iván llegaba a su casa después de un largo día de trabajo con sus amigos en los preparativos para la fiesta. En casa estaban todos en el salón, así que Iván se lavó las manos en el aseo y, rápidamente, se dirigió allí para contar a sus padres y hermanas todo lo que habían preparado para la fiesta, pero cuando llegó al salón se quedó un poco sorprendido. Sus padres estaban reunidos con alguien que había venido de visita, estaban hablando de forma simpática y alegre y no se habían dado cuenta de la llegada del niño.

— ¡Hombre, Iván, me alegra que hayas llegado, ha venido alguien que tú conoces! — dijo Antonio al ver a su hijo.

— ¿Quién es, papá? — preguntó Iván mirando hacia todos lados.

Pero antes de que Iván pudiese ver a nadie, su padre le tapó los ojos para que fuese una sorpresa, avanzó cogiéndole de la mano y se hizo el silencio en el salón de la casa. El padre de Iván abrió las manos y, de repente, cuando Iván consiguió ver con claridad, ante él apareció una figura rechonchita, de estatura baja y con cara muy simpática dibujando una enorme sonrisa.

— ¡Señor Grob! — expresó Iván dando un grito.

El señor Grob era un babús, pero no un babús cualquiera, era el alcalde de Babulandia. Después de todo lo que había sucedido, decidió hacer una visita a la familia de Iván para mostrar agradecimiento por el esfuerzo que, en el pueblo, estaban haciendo para resguardar los secretos de Babulandia. En la casa de Iván también estaba Diego, blanco como quien veía a un fantasma, ya que, en ese momento, se había enterado de la existencia real de la misteriosa ciudad. Grob estuvo contando cómo habían resuelto los problemas del río, cómo era la tecnología empleada, pero el alcalde de Riopispás no daba crédito a lo que estaba oyendo. Con ellos estaba también Dolores Llul que, en lugar de estar sorprendida, estaba disfrutando pensando en que los científicos, aunque sus sospechas eran cercanas a la realidad, dificilmente podrían descubrir el secreto guardado por estas familias.

Iván conocía al señor Grob desde que había hecho un viaje a través de la Comarca del Rhum, comarca en la que está la ciudad de Babulandia. Al verle se puso muy contento y le dio un fuerte abrazo. Preguntó por las gentes de Babulandia, a lo que el alcalde contestó que debía hacer una visita junto con sus amigos y sus familias cuanto antes, que serían invitados de honor.

A la invitación de Grob, contestó Diego invitando también a que visitasen Riopispás, que precisamente al día siguiente estaban montando una fiesta y que sería un buen momento para ello.

Todo estaba preparado para que la fiesta de Riopispás empezase. Los niños estaban agotados y se fueron pronto a la cama, los padres también y la Plaza de la Iglesia estaba preciosa, como una novia esperando a ver a su novio en el día más importante de su vida.

Los invitados en casa de Iván ya se marchaban, solamente quedaban Diego, al que ya se le había pasado el susto y Dolores que se lo estaba pasando muy bien con tanto sobresalto.

Habían acabado de organizar el acto de apertura de las fiestas de Riopispás. Teresa dio un abrazo y un beso a Dolores y, en el oído, le pidió que ayudase a Diego, que estaba muy solo a pesar de ser joven. Dolores miró a Teresa con una sonrisa de complicidad y le devolvió el abrazo.

Eran las nueve de la mañana del día 24 de julio, en el cielo de Riopispás no se veía ni una sola nube, los niños empezaban a moverse frenéticos por sus casas, estaban todos vestidos con los trajes preparados el día antes,... por cierto, según lo planeado, y con la ayuda de Tino, los niños tenían el aspecto de babús. Se habían colocado un relleno en el cuerpo y la ropa encima de tal manera que parecían gorditos y con poco cuello. Sus sombreros eran grandes también con relleno, de tal forma que parecía que tenían la cabeza más redonda y más grande. Sus padres, al verlos, no paraban de reír, estaba claro que sus hijos sabían lo que querían para la fiesta y es que tenían el mismo aspecto que Tino o el señor Grob, todos parecía babús.

La plaza de la iglesia empezaba a ser lo más parecido a un enjambre de abejas, de abejas verdes, blancas y azules. Estaba todo el pueblo allí, y todos vestidos con el traje preparado en los primeros días de la semana. Pero no solamente estaban los habitantes de Riopispás, también estaban los habitantes de los pueblos vecinos, curiosos que habían acudido después de lo visto en las noticias, gentes que habían pedido hospedarse por allí para ver la famosa fiesta, periodistas de varias cadenas y periódicos y, como el que disimula para que no le vean, el señor Hansper y varios de sus amigos de la DHR.

Se aproximaba la hora prevista para el inicio de la fiesta y, en la explanada que había detrás de la iglesia, se había preparado la gran traca. Por supuesto este era el encargo de Gaspar, al que le encantaban los petardos, cuanto más gordos mejor.

A las 10:45 salió disparado el primer cohete de fuegos artificiales, al oírlo todos los que estaban en la plaza empezaron a jalear. El barullo se escuchaba cada vez más y más fuerte hasta que, de repente, se escuchó un segundo cohete y, seguido del estruendo del cohete, un clamor ensordecedor de trompetines con el sonido del trinar de jilgueros, eran las once en punto, la hora de la llegada de "los habitantes de Babulandia". El efecto sonoro era para erizar el bello a todo el que estuviese presente en la plaza, un grupo muy numeroso de niños disfrazados de babús, desfilaba por el espacio vallado destinado al paso de los famosos visitantes, entre ellos también estaban Tino y el señor Grob. Todos saludaban a los presentes ya que representaban a los llegados desde la ciudad de Babulandia. Nadie sospechó que, entre los niños, también estaban los verdaderos babús,...

Bueno, en realidad había alguien que sí sospechaba, Williams Hansper estaba muy nervioso intentando ver entre la gente. Sus ayudantes no paraban de hacer fotos a los niños, el señor Hansper no paraba de dar gritos, *"¡please, please, déjenme pasar, soy científico, es muy importante, déjenme pasar,..."*, pero nadie le escuchaba.

Cuando los niños representando a los babús, llegaron a los pies del escenario, se empezó a escuchar la música de la orquesta, el escenario, que estaba montado con decoración como si se tratase de un teatro romano, con columnas, capiteles corintios y una gran cortina de color azul muy vivo, se abrió y dejó al descubierto una representación municipal compuesta por el señor Diego y dos ayudantes ataviados con un vestido como de paje real, la orquesta estaba detrás de ellos.

La gente que estaba viendo lo que sucedía rompió a aplaudir, la música se detuvo, se escucharon varios cohetes más y, después de la algarabía, se hizo un respetuoso silencio…el alcalde empezó a hablar.

"Estimados amigos, estamos hoy celebrando uno de los días más alegres del año. Nuestros vecinos venidos de una ciudad llamada Babulandia, han venido a visitarnos, ¡recibámoslos como merecen!

Al oír las palabras del alcalde, la gente empezó a aplaudir fuerte alrededor de un minuto.

Es para nosotros un orgullo que hayamos sido elegidos para que estas personas estén hoy entre nosotros, por esta razón y, como gesto de hospitalidad y, que además sirva de invitación para siempre, les ofrecemos la llave de nuestro amado pueblo"

Cuando el alcalde acabó de decir estas palabras, uno de los pajes que acompañaba a Diego sacó una bandeja en la que se podía apreciar una gran llave metálica dorada encima. De entre los niños disfrazados de babús apareció el señor Grob que caminó subiendo hacia donde estaba el alcalde. La gente que estaba allí presente aclamaba… pero entre los presentes había alguien que no lo hacía, Williams Hansper seguía intentando abrirse camino entre la gente, esta vez con malas maneras dando empujones y propinando insultos. La gente no escuchaba al científico debido a la aclamación al señor Grob, que en ese momento recogía la llave de manos de Diego.

La banda tocaba el hermoso himno de Riopispás, la gente cantaba emocionada, el alcalde daba la mano a Grob y,... Williams Hansper seguía con la intención de llegar hasta el alcalde de Babulandia, pero justo en ese momento, justo en ese preciso momento... los niños sacaron unos cilindros de cartón que estaban repletos de millones de trocitos de papel de colores con un sistema que, al girarlo explotaba y arrojaba todos los papeles al aire, la intención era lanzarlos al escenario cuando la banda acabase el himno, pero el señor Williams se puso justo delante y,... PUUUMM, una explosión sorda dejó a Williams Hansper lleno de papelillos, parecía una especie de ave exótica o tropical, la gente empezó a mirarlo y a reír debido a la apariencia ridícula que tenía, Williams empezó a dar gritos: *"Estáis todos locos, estáis fatal de la cabeza, loooocooos, no hay quien os entienda, you are all crazy, you are all crazy"*

Al ver que el científico estaba fuera de sí, todos los medios que había empezaron a enfocar sus cámaras hacia él, Hansper daba vueltas de un lado para otro, no conseguía quitarse los papelillos, estaban muy bien pegados. Viendo la gente la actitud del científico, se agolparon hacia él y le cogieron como si de un torero se tratase, a hombros entre todos, él no paraba de gritar y la gente de cantar y bailar al ritmo de la orquesta, todo parecía formar parte de la fiesta hasta que aparecieron los ayudantes de Williams y se lo llevaron en sus coches. El señor Hansper se fue muy enfadado, ya nadie le creería cuando hablase de sus hallazgos científicos, quizás era el momento de buscar otra profesión. Días más tarde, la prensa científica hablaba muy mal de él y ponía en duda todos sus hallazgos.

La fiesta acabó bastante tarde, las gentes que habían visitado Riopispás no recordaban haberlo pasado tan bien en su vida, todo había resultado ser un éxito internacional, los periódicos hablaban de la extraordinaria imaginación de los niños del pueblo y del estupendo carácter de sus habitantes.

Pero… ¿y los verdaderos babús?, ¿y la ciudad de Babulandia?...

Todo seguía ahí como siempre… pero a partir de la famosa fiesta, Babulandia era parte de los corazones de los riopispaseños. Se convirtió en un lugar secreto e imaginario al mismo tiempo. Para las gentes que visitaban Riopispás era un lugar imaginario y fantástico, repleto de belleza y animales prehistóricos, casas fantásticas y muchas cosas más que les contaban los guías turísticos,… pero, para los habitantes del pueblo, este era su secreto, lo que les hacía únicos en el mundo, lo que les unía y les hacía diferentes al resto del mundo.

Los niños de nuestra historia y sus familias, meses más adelante, hicieron el viaje de sus vidas a la ciudad de Babulandia, fueron los invitados de honor y visitaron todos y cada uno de los encantos de la ciudad. Para Dolores y Diego también fue un viaje muy especial, se enamoraron y, poco después, Dolores se convirtió en la alcaldesa de Riopispás.

¡Ah!, y no se me podía olvidar,… unas semanas después de acabar ese fantástico verano en Riopispás, apareció una extraordinaria noticia relacionada con el río que hizo famoso al pueblo para siempre.

En el pequeño pueblo de Riopispás se ha producido un hecho extraordinario, los niños Iván S.G., Jaime R.L., Andrés R. T, Gaspar L.L. y Ricardo E.D. han encontrado unas cuevas debajo del río. Las cuevas son de una belleza extraordinaria. Una de ellas, tiene además pinturas rupestres pertenecientes a la etapa del paleolítico. Las pinturas son de gran belleza y conservación. Estas pinturas han sido bautizadas con el nombre de

El secreto de Babulandia.

Dolores Llul

…FIN

Índice:

Cap.	Título	Pág.

Tomás Sánchez

www.ingramcontent.com/pod-product-compliance
Lightning Source LLC
Chambersburg PA
CBHW061719020426
42331CB00006B/1001